MW01517762

Geranien & Kaffeesatz

Geranien & Kaffeesatz

Praktische und ungewöhnliche Haushaltstipps

Zeichnungen von
Josef Blaumeiser

Lieferbare Titel aus dem Otus Verlag:
www.otus.ch

© Otus Verlag AG, St. Gallen, 2005

Zeichnungen von Josef Blaumeiser

Herstellung und Organisation: Dr. Christian Zentner, München
Redaktion: Claudia Richter, München
Layout: Petra Obermeier, München

ISBN 3-907194-42-X

Inhalt

Die besten Tipps für
Einkaufen, Kochen und Backen **7**

Die besten Tipps für
Küche und Bad **49**

Die besten Tipps für den
Hausputz **65**

Die besten Tipps für die
Kleider- und Wäschepflege **83**

Die besten Tipps für
Auto und Heimwerken **103**

Die besten Tipps für
Blumen und Garten **121**

Die besten Tipps für
Gesundheit und Schönheit **139**

Alphabetisches Stichwortverzeichnis **155**

Die besten Tipps für

Einkaufen, Kochen und Backen

Alufolie

* Alufolie sollten Sie nicht zum Abdecken von Servierplatten aus Metall verwenden, denn dabei entstehen chemische Verbindungen, die den Speisen auf der Platte einen metallischen Geschmack verleihen.

Ananas

* Ananas sollten Sie kühl lagern und möglichst schnell verbrauchen, denn sie faulen nach dem Anschnitt von innen heraus. Da Ananas nur wenig Kalorien enthalten (100 g Fruchtfleisch = 57 Kalorien) und entgiftend auf Darm und Nieren wirken, eignen sie sich hervorragend für eine gesunde Diät.

Ananastorte

* Den Geschmack ihrer Ananastorte können Sie verbessern, indem Sie dem Ananassaft beim Eindicken etwas Zitronensaft hinzufügen. Der Saft der Zitrone verstärkt dann das typische Ananasaroma.

Äpfel

* Wenn Sie Äpfel lagern wollen, so legen Sie sie in einen kühlen trockenen Keller auf ein Regal. Wichtig dabei ist, dass sich die Äpfel nicht berühren.

Apfelkuchen

* Apfelkuchen schmeckt besser, wenn man die Apfelstücke mit Zitrone beträufelt. Damit die Apfelscheiben auf dem Hefeteig nicht braun werden, sollte man einen Bogen Pergamentpapier darüber legen. Gebackenen Apfelkuchen mit erwärmtem Apfel- oder Quittengelee bestreichen, so schmeckt`s besonders fruchtig.

Apfelsinen

* Apfelsinen, die sich schwer schälen lassen, legt man für kurze Zeit in heißes Wasser; die Schale lässt sich danach mühelos lösen.

Artischocken

* Artischocken werden immer nur frisch verarbeitet; dem Kochwasser gibt man den Saft einer Zitrone oder etwas Essig bei. Nach dem Kochen die

Artischocken auf den Kopf stellen und so auskühlen lassen, damit der letzte Rest Kochwasser auslaufen kann.

Aspik
∗ Um Aspik aus der Form zu lösen, tauchen Sie es kurz in heißes Wasser und stürzen den Inhalt dann auf eine Platte.

Auberginen
∗ Auberginen schmecken bitter. Deshalb müssen die Scheiben mit Zitronensaft beträufelt und mit Salz bestreut werden. Nach etwa 30 Minuten werden die Scheiben zwischen Küchentüchern ausgedrückt, paniert oder unpaniert in Fett gebraten oder anderweitig weiterverarbeitet. Außerdem saugen sie nach dieser Behandlung nicht soviel Fett auf.

Auflauf
∗ Aufläufe sollten während dem Backen nicht gestört werden. Die Tür des Backofens ist unbedingt geschlossen zu halten. Um eine leckere Kruste zu erhalten, streut man entweder eine Mischung (zu gleichen Teilen) aus Semmelbröseln, Zucker und Mandelsplittern (süß) oder aus Semmelbröseln, Emmentaler Käse und Parmesankäse (pikant) vor dem Backen über den Auflauf. Der Auflauf lässt sich mühelos aus der Form stürzen, wenn man sie vor dem Einfüllen des Teiges erwärmt hat.

Avocados
∗ Avocados sind reif, wenn sie sich leicht eindrücken lassen. Unreife Avocados reifen schnell nach, wenn Sie sie in eine braune Tüte packen und an einem warmen Ort liegen lassen, oder sie in eine Schüssel mit Mehl legen.

Backobst
∗ Backobst wird erst nach dem Kochen gesüßt, da es sonst nicht richtig weich wird.

Backpflaumen
∗ Backpflaumen sollten Sie in schwarzem Tee einweichen, so wird das Aroma der Früchte erheblich intensiver.

Backpulver, fehlendes

∗ Ist der Rührkuchen im Entstehen und es ist kein Backpulver im Haus, geben Sie 3–4 Teelöffel Rum in den Teig. Alkohol treibt den Teig fast so gut wie Backpulver.

Biskuittorte

∗ Biskuitmasse für einen Obstkuchen muss man nicht unbedingt mit Wasser zubereiten. Verwendet man stattdessen Multivitamin- oder Orangensaft, schmeckt alles sehr viel fruchtiger. Um das Durchweichen von Biskuittortenböden zu vermeiden, betreichen Sie sie vor dem Belegen dünn mit Konfitüre. Die Konfitüre lässt sich leichter verstreichen, wenn sie vorher erwärmt wird.

Blätterteig

∗ Blätterteig geht nur gut auf, wenn Sie das Backblech nicht einfetten, sondern mit kaltem Wasser abspülen. Das verdampfende Wasser wirkt wie ein Treibmittel. Wird der Blätterteig vor dem Backen mit Eigelb bestrichen, achten Sie darauf, dass nichts davon an den Rändern herunterläuft. Das Eigelb verklebt die Ränder und der Teig kann nicht mehr so gut und locker aufgehen.

Blockschokolade raspeln

∗ Blockschokolade lässt sich gut mit einem Kartoffelschälmesser raspeln.

Blumenkohl

∗ Blumenkohl bleibt beim Kochen schön weiß, wenn man etwas Milch oder eine Prise Zucker ins Kochwasser gibt. Wenn Sie noch eine rohe Kartoffel mitkochen, verhindern Sie auch den Kohlgeruch. Blumenkohl wird besonders zart, wenn man ihn in Mineralwasser kocht.

Bohnen

∗ Dicke Bohnen darf man niemals kalt aufsetzten, sondern sollte sie immer in kochendes Salzwasser geben. Damit grüne Bohnen während des Kochens ihr frisches Grün nicht verlieren, werden sie im offenen Topf, ohne Deckel, gekocht.

Bouillon, klare

* Klare Bouillon erzielt man, wenn man das Fleisch langsam, aber stetig kocht. Zu schnell und zu heiß gekocht, wird die Bouillon trübe.

Bowle kühlen

* So können Sie die Bowle im Sommer kühl halten: Füllen Sie einen Plastikbeutel (am besten einen Gefrierbeutel) mit Eiswürfeln und befestigen Sie ihn mit einer Wäscheklammer am Gefäßrand. Die Eiswürfel halten die Bowle kühl, ohne sie zu verwässern. So können Sie natürlich auch alle anderen Getränke kühlen, die sie in einem Krug servieren.

Bratäpfel

* Damit die Bratäpfel schön glatt bleiben, bestreicht man sie vor dem Braten mit Butter oder Öl.

Braten

* Anbraten: Das Fett (Butterschmalz, Öl, Plattenfett) in einem Bräter stark erhitzen und das Fleisch darin rundherum kräftig anbraten, ohne dass das Fleisch verbrennt und schwarz wird. Nach etwa 10 bis 15 Minuten wird die Hitze je nach Bratengröße reduziert. Dunkles Fleisch verträgt mehr Hitze als helles Fleisch. Dunkles Fleisch bei etwa 250 Grad anbraten und bei 220 Grad fertig braten. Helles Fleisch bei 220 Grad anbraten und bei 180 Grad fertig braten. Wenn Sie Fleisch (Putenbrust, Kalbsbrust, Schweinebraten) füllen wollen, lassen Sie die Tasche am besten vom Metzger ins Fleisch schneiden.

* Es ist ratsam, beim Schmoren nur erhitzte Flüssigkeit zum Braten zu geben, damit der Garprozess durch kalte Flüssigkeiten nicht gestoppt wird. Beim Schmoren nur so viel Flüssigkeit auf einmal zugießen, dass der Braten höchstens bis zu einem Viertel in der Schmorflüssigkeit liegt. Besser ist es, öfter nachzugießen. Je größer der Braten ist, desto niedriger muss die Brattemperatur sein. Alle Braten nach 20 bis 30 Minuten wenden. Jeden Braten alle 15 bis 20 Minuten mit Bratensaft oder flüssigem Fett begießen oder bestreichen. Wenn der Braten zu hell ist, einige Minuten unter den heißen Grill legen. Wenn der Braten zäh ist, mit etwas Alkohol übergießen und weitere 10 bis 15 Minuten erhitzen. Wenn der Braten

nicht ganz durchgebraten ist, schneiden Sie ihn in Scheiben und garen das Fleisch in der heißen Sauce.

* Der Braten ist gar, wenn man mit einem Löffel o. ä. auf das Fleisch drückt und es nicht nachgibt. Den Braten vor dem Anschneiden am besten in Alufolie wickeln und 10 bis 15 Minuten im Backofen warm stellen. So verteilt sich der Fleischsaft besser und läuft beim Anschneiden nicht aus. Fleisch schneidet man immer quer zur Faserrichtung auf.

Braten, angebrannter

* Angebrannten Braten können Sie noch retten. Schneiden Sie die schwarzen Stellen ab und geben Sie das Fleisch mit der Soße und einer Prise Natron in einen frischen Topf. Nun können Sie den Braten zu Ende garen.

Braten, gespickter

* Wenn man das gespaltene Ende einer Spicknadel vor dem Einlegen des Speckstreifens in heißes Wasser taucht, reißt der Speckstreifen beim Durchziehen nicht so leicht.

Bratengeruch

* Beim Braten im Ofen entsteht oft Rauch. Man kann dies verhindern, indem man eine flache Schüssel mit Wasser unten in den Ofen stellt, bevor die Bratpfanne eingeschoben wird.

Bratensauce

* Bratensaucen werden durch Zugabe einer Apfelscheibe oder eines ganzen Apfels – das richtet sich nach der Menge – noch schmackhafter. Eine andere Methode der Verfeinerung ist die Zugabe von etwas in einer Pfanne gebräuntem Zucker, der mit etwas Apfelsaft abgelöscht wurde. Diese Mischung gibt man an die fast fertige Sauce. Eine aromatische Sauce erhält ihren Geschmack durch das Anbraten des Fleisches in Fett. Der dunkle Bratensaft wird nach Beendigung des Bratens mit etwas Flüssigkeit vom Topfboden gelöst. Sie erhalten eine besonders feine Sauce, wenn Sie den Bratensaft in einem Topf auf dem Herd auf großer Flamme so lange reduzieren (einkochen), bis die Sauce kräftig und intensiv schmeckt. Verfeinern können Sie diesen Extrakt mit Butter, Sahne, Madeira, Sherry,

Portwein, Cognac, herben Likören, aber auch mit Senf, Meerrettich, Sojasauce oder herber Marmelade (Hagebutte, Preiselbeere, Himbeere, Johannisbeere, Orange, Zitrone oder Ingwer).

Braten würzen

* Jedes Fleisch sollte man erst kurz vor dem Zubereiten salzen. (Kurzgebratenes, Leber und Nieren erst nach dem Anbraten salzen.) Das Fleisch kann jedoch schon einige Stunden vorher mit salzfreien Gewürzen (Kräutern) eingerieben werden.

Bratkartoffeln

* Damit Bratkartoffeln schön knusprig und braun werden, sollten Sie nur Pellkartoffeln verwenden. Sehr gut schmecken Bratkartoffeln, wenn Sie zum Braten das Fett mischen, und zwar eine Hälfte Öl und eine Hälfte Margarine oder eine Hälfte Butter und eine Hälfte Schmalz.

Bratwurst

* Bratwürste schrumpfen nicht und platzen nicht so leicht, wenn Sie sie vor dem Braten etwa zehn Minuten in heißem Wasser ziehen lassen. Vor dem Braten die Würste gut abtrocknen.

Brokkoli

* Damit Stiele und Blütenknospen nach dem Kochen denselben „Biss" aufweisen, sollten Sie die Brokkoli senkrecht in den Topf geben.

Brot frisch halten

* Brot muss atmen können, deshalb sollte es unverpackt in sauberen Brotbehältern aufbewahrt werden. Es bleibt länger frisch, wenn Sie es in einem Stein- oder Tontopf aufbewahren oder wenn Sie einen Apfel in den Brotkasten legen. Den Apfel des öfteren auswechseln.

Brot und Brötchen auftauen

* Legen Sie das Brot oder die Brötchen in einer Papiertüte 6 Minuten in den auf 160 °C vorgeheizten Backofen und es schmeckt wie frisch gebacken. Dieser Tipp ist nur für Elektrobacköfen geeignet.

Brot, hartes

* Wenn bei Ihnen ein Stück Brot einmal hart und trocken geworden ist, dann müssen Sie es nicht wegwerfen. Umwickeln Sie es mit einem feuchten Tuch und geben Sie es nach kurzer Zeit für eine halbe Stunde in den Backofen. Es wird wieder weich und frisch.

Brötchen aufbacken

* Zum Aufbacken bestreicht man die frischen Brötchen mit etwas Wasser (oder einer Mischung aus Wasser und Milch) und gibt sie dann in den vorgeheizten Ofen. So kann man auch mit Brötchen vom Vortag verfahren. Sie werden wieder knusprig. Beim Aufbacken von Brötchen passiert es manchmal, dass sie am Blech festbacken. Wenn man das heiße Blech auf ein nasses Tuch stellt, lassen sich die Brötchen mühelos ablösen.

Butter frisch halten

* Butter bleibt wochenlang frisch, wenn man sie in gekochtes und abgekühltes Salzwasser legt. Die Butter muss mit dem Salzwasser völlig bedeckt sein.

Butter, schaumige

* Butter lässt sich besser rühren, wenn sie nicht zu kalt ist. Zusätzlich etwas Mehl über die Butter stäuben.

Buttercreme

* Um Buttercreme schnittfest zu machen, rühren Sie etwas geschmolzenes Pflanzenfett unter die Creme.

Buttercreme, geronnene

* Ist Ihnen die Buttercreme geronnen, stellen Sie die Schüssel mit der Creme auf einen Topf mit kochendem Wasser und schlagen die Creme mit einem Handrührgerät sehr kräftig auf.

Butterschmalz

* Butterschmalz ist bei Zimmertemperatur bis neun, im Kühlschrank bis 15 Monate haltbar.

Canapés

∗ Die auf kleinen Brotschreiben angerichteten Appetithäppchen trocknen nicht aus, wenn Sie ein Tablett mit einem leicht angefeuchteten Küchentuch auslegen, die Canapés darauf setzen und kalt stellen. Kurz bevor der Besuch kommt, richten Sie die Canapés dann auf einer Servierplatte an.

Champignons

∗ Damit Champignons nicht braun werden, beträufelt man sie nach dem Putzen und Kleinschneiden mit Zitronenwasser (Mischung 1:1).

Chicorée

∗ Man nimmt Chicorée seinen bitteren Geschmack, wenn man an der Chicoréestaude zuerst einen Kegel an der unteren Schnittfläche herausschneidet und sie dann für einige Zeit in mit einem Schuss Milch versetztes Wasser legt.

Chinakohl

∗ Chinakohl bekommt einen ganz besonderen „Biss", wenn man ihn vor dem Anrichten für eine halbe Stunde im Kühlschrank ruhen lässt.

Chips, Cornflakes oder Cracker

∗ Weiche Kartoffelchips werden wieder knusprig, wenn Sie sie auf einem Backblech ausbreiten und einige Minuten unter den vorgeheizten Grill geben. Auch Cornflakes und Cracker werden wieder knackig, wenn man sie im Backofen auf einem Backblech ausgebreitet einige Minuten erhitzt. Das gleiche gilt übrigens auch für Salzstangen oder weich gewordenes Käsegebäck.

Dampfnudeln

∗ Nach dem Kochen muss man Dampfnudeln sofort mit zwei Gabeln aufreißen, damit der Dampf entweichen kann.

Dickmilch

∗ Dickmilch können Sie sehr leicht selbst herstellen: Lassen Sie Rohmilch, in der genügend Milchsäurebakterien vorhanden sind, ein bis zwei Tage bei Zimmertemperatur stehen. Wenn Sie auf 1 Liter Milch 1 EL Buttermilch oder ein paar Tropfen Zitronensaft hinzufügen, wird Dickmilch schneller fest.

Dörrobst
* Dörrobst wird beim Kochen besser weich, wenn Sie den Zucker erst nach dem Kochen dazugeben.

Eidotter
* Rohes Eidotter können Sie mehrere Tage im Kühlschrank aufbewahren, wenn Sie das Eidotter in eine Tasse geben und vorsichtig soviel Wasser darauf gießen, dass es bedeckt ist.

Eier haltbarer machen
* Wollen Sie die Haltbarkeit von Frischeiern (im Kühlschrank etwa drei bis vier Wochen) auf sechs Wochen erhöhen, sollten Sie sie drei bis maximal fünf Sekunden mit kochend heißem Wasser übergießen.

Eier kochen
* Eier platzen beim Kochen nicht und laufen auch nicht aus, wenn man in das Kochwasser einen Schuss Essig gibt. Eier platzen nicht, wenn die Schale vor dem Kochen am stumpfen Ende durchstochen wird. Am einfachsten geht das mit einem Eierpikser, den man in Haushaltswarengeschäften kaufen kann.

Eier lagern
* Eier besser auf der spitzen Seite lagern. Die auf der runden Seite befindliche Luftblase ist dann oben. Eier bleiben dadurch länger frisch. Denn die Luft will immer nach oben.

Eier schälen
* Hartgekochte Eier lassen sich leichter abschälen, wenn man sie nach dem Kochen kurz mit kaltem Wasser abschreckt.

Eier, rohe und gekochte

∗ Um festzustellen, ob ein Ei roh oder gekocht ist, lässt man es rasch auf der Tischfläche kreisen. Wenn es sich ruhig um die eigene Achse dreht, ist es gekocht, dreht es sich unruhig und wackelt, dann ist es noch roh.

Eigelb

∗ Eigelb entwickeln eine kräftigere Farbe, wenn man ein wenig Salz zugibt. Einrühren und kurz stehen lassen. Rohes Eigelb können Sie mehrere Tage im Kühlschrank aufbewahren, wenn Sie das Eigelb in eine Tasse geben und vorsichtig so viel Wasser darauf gießen, dass es davon gut bedeckt ist.

Eigengeschmack verstärken

∗ Süße Speisen schmecken besser mit einer Prise Salz, zu salzigen Gerichten und Soßen gibt man eine Prise Zucker dazu.

Einkaufen

∗ Einkaufen ist nicht nur Vergnügen, sondern auch Mühe. Eine gute Planung erspart Ihnen Mühe und Zeit. Einige allgemeine Einkaufsregeln sollen Ihnen dabei helfen: Informieren Sie sich vor dem Einkauf über Angebot und Preise. Nutzen Sie bei Obst und Gemüse die Angebote der Saison. Nutzen Sie Sonderangebote, wenn sie wirklich gebraucht werden. Preiswerte Großpackungen werden sehr teuer, wenn ein Teil davon verdirbt. Tätigen Sie größere Einkäufe – wenn Sie es einrichten können – an ruhigen Einkaufstagen am Wochenanfang und nicht erst kurz vor Ladenschluss.

Einkaufsplanung

∗ Ein überlegter Einkaufszettel, eventuell anhand eines Speiseplanes für die Woche aufgestellt, erspart viel Arbeit. Schreiben sie sich vor dem Einkaufen einen Einkaufszettel: Schreiben Sie auf, was Sie einkaufen wollen und zwar in der Reihenfolge, in der Sie in die Geschäfte gehen. Wollen sie z. B. zuerst zum Fleischer, stehen an oberster Stelle alle Waren, die Sie dort einkaufen wollen. Kaufen Sie im Supermarkt ein, so stellen Sie Ihren Einkaufszettel in der Reihenfolge auf, in der die Waren dort angeboten werden: das erspart viel Hin und Her.

Eischnee

* Das Eiweiß wird besonders steif, wenn Sie beim Schlagen etwas Zucker oder einige Tropfen Zitronensaft dazugeben. Eiweiß lässt sich nicht zu Schnee schlagen, wenn etwas Eigelb hineingeraten ist. Sie können das Eigelb am besten mit einer Eierschale entfernen.

Eischnee, überbackener

* Überbackener Eischnee lässt sich besser schneiden, wenn man vor dem Backen etwas Zucker über den Eischnee streut.

Eiswürfel auf Vorrat

* Wenn Sie viele Eiswürfel auf einmal benötigen, bewahren Sie fertiggefrorene Eiswürfel in Papiertüten im Tiefkühlfach auf.

Eiswürfel

* Eiswürfel für Drinks oder Bowlen sehen sehr effektvoll aus, wenn man sie mit rotem Grenadine-Sirup oder grünem Pfefferminz-Sirup einfärbt. Dekorative Eiswürfel mit eingefrorenen Früchten oder Kräutern geben Cocktails den letzten Pfiff. Besonders gut geeignet sind kleine Früchte wie Erdbeeren, Himbeeren und Brombeeren aber auch Zitronenstückchen oder Minze- und Melissenblättchen. Man gibt die Früchte oder Kräuter in den Eiswürfelbehälter, gießt mit kaltem Wasser auf und stellt das Ganz ins Tiefkühlfach. Ganz nach Belieben können Sie auch Eiswürfel aus Fruchtsaft herstellen. Diese Eiswürfel sind zum Kühlen von Fruchtsäften besonders ideal, denn die Säfte werden nicht verwässert.

Erbsen, frische

* Erbsen behalten beim Kochen ihre schöne Farbe, wenn Sie in das Kochwasser ein Stück Würfelzucker geben. Eine andere Möglichkeit: Schrecken Sie die Erbsen nach dem Kochen mit eiskaltem Wasser ab.

Erdbeeren

* Erdbeeren sollten sie immer zuerst waschen und dann putzen, da sie sonst zu viel Wasser ziehen und schnell faulig werden.

Essen, versalzenes

* Es passiert immer wieder einmal, dass das Essen versalzen ist. Mit folgenden Tipps können Sie noch einiges retten: Geschälte, rohe Kartoffelscheiben mitkochen und vor dem Servieren entfernen. Etwas Sahne unter die Speise rühren. Bei klaren Suppen rohes Eiweiß unterquirlen und gerinnen lassen. Das Eiweiß bindet das Salz und kann, wenn es geronnen ist, leicht entfernt werden.

Essiggeschmack

* Ist der saure Geschmack bei eingelegten Gurken, Essigbohnen usw. zu stark, kann man dies beheben, wenn man sie vor dem Kochen einige Stunden in eine Lösung von doppelkohlensaurem Natron legt.

Essig verfeinern

* Einfachen Obstessig können Sie sehr gut verfeinern, indem Sie ihm verschiedene Gewürze, Kräuter oder Beeren zusetzen. Nach etwa 2 bis 3 Wochen hat der Essig das Aroma der eingelegten Zutaten angenommen. Man lässt die eingelegten Kräuter und Gewürze – mit Ausnahme von Beeren, Chilischoten und Zitronenschalen – so lange im Essig, wie sie bedeckt sind. Spätestens dann sollten Sie diese jedoch herausfiltern. Besonders gut ist Estragon- und Dillessig.

Esskastanien schälen

* Schneiden Sie die Kastanien am flachen Ende mit einem scharfen Messer kreuzweise ein und rösten Sie sie in einer trockenen Pfanne oder direkt auf der Herdplatte etwa 20 Minuten, dabei mehrmals wenden. Sie können die Kastanien auch (wieder kreuzweise eingeritzt) zehn Minuten in kochendem Wasser garen. Schale und Haut entfernen Sie dann mit einem Messer.

Feldsalat

* Die kleinen Wurzeln am Feldsalat können sie mitessen. Sie schmecken besonders nussig.

Fett entfernen

* Fett auf Suppen und Soßen lässt sich leicht entfernen, wenn Sie ein sauberes Geschirrtuch, gefüllt mit Eiswürfeln, in die heiße Flüssigkeit tauchen. Das Fett erstarrt dabei sofort und bleibt als Kranz am Eisbeutel hängen. Eine weitere Möglichkeit: Lassen Sie die Suppe oder Soße sehr kalt werden. Das Fett bildet dann an der Oberfläche eine feste Schicht, die sich leicht abheben lässt.

Fett in der Pfanne

* Zum Braten immer erst die Pfanne erhitzen und dann das Fett hineingeben, so können weder Fleisch, Pfannkuchen noch Eier am Boden hängen bleiben.

Fettspritzer

* Damit Margarine in der Pfanne nicht spritzt, wenn man sie erhitzt, streut man etwas Salz hinein und schon bleibt die Küche sauber.

Fisch

* Das Fischfleisch wird fester, wenn Sie den Fisch vor dem Zubereiten mit Zitronensaft beträufeln.

Fisch auftauen

* Wenn man gefrorenen Fisch auftaut, sollte man ihn in Milch legen. Auf diese Weise entsteht kein Gefriergeschmack, und der Fisch wird zarter.

Fisch aufwärmen

* Alle Fische, die heiß geräuchert wurden – wie Bücklinge, Makrelen oder Renken –, sollte man kurz vor dem Verzehr, in Aluminiumfolie verpackt, kurz im Backrohr erwärmen. Warm kommt ihr Aroma am stärksten zur Geltung.

Fisch blaukochen

* Diese Kochmethode ist bei Forelle, Aal, Hecht, Schleie und Karpfen anwendbar; der Fisch soll frisch geschlachtet sein und darf nicht

lange an der Luft liegen bleiben, bis er gekocht wird. Auch soll er so wenig wie möglich mit den Händen angegriffen werden. Die blaue Farbe ist der Schleim des nicht abgeschuppten Fisches, der sich im Sud blau färbt. Durch längeres Stehen wird der Fisch blauschwarz, was man verhindern kann, indem man ihn sofort mit geschmolzener Butter bestreicht.

Fisch filetieren

∗ Zum Filetieren von Scholle oder Seezunge schneiden Sie die weiße und die schwarze Haut quer zum Schwanzansatz ein und lösen sie etwas vom Fischfleisch. Dann drücken Sie den Schwanz auf die Unterlage, ergreifen die losgelöste Haut mit Küchenpapier (zuerst die dunkle Hautseite) und ziehen diese mit gleichmäßig kräftigem Zug zum Kopf hin ab; danach verfahren Sie mit der weißen Bauchseite ebenso. Jetzt werden mit einem langen Messer mit möglichst elastischer Klinge die fleischigen Filetteile von den sie umgebenden mageren Flossenansätzen abgetrennt und die auf der Seite verlaufenden Linien mit dem Messer vertieft. Nun das Messer schräg halten und fest auf die Gräten drücken. Indem Sie es ganz flach – möglichst parallel zu den Gräten – von vorn nach hinten führen, wird das Filet abgetrennt. Die Filets sollten leicht geklopft werden, damit sie sich beim Garen nicht aufdrehen. Gerollt werden Filets immer mit der „Hautseite" nach innen.

Fisch garen

∗ Bei großen Fischen, die im Ganzen zubereitet werden, sind die äußeren Schichten sowie die Bauchpartie oft schon gar, wenn nicht schon übergar und zerfallen, während der Rücken und das Rückeninnere noch glasig und roh sind. Das können Sie verhindern, indem Sie den vorbereiteten Fisch vor dem Garen entlang der Rückengräte etwa zwei Zentimeter tief einschneiden.

Fischgenuss, zarter

∗ Frischer Fisch schmeckt viel zarter, wenn man ihn vor der Zubereitung ein paar Minuten in Essigwasser legt. Dabei ist es ganz egal, ob Sie den Fisch dünsten oder braten.

Fischgeruch

* Fischgeruch wird schon beim Kochen verringert, wenn man zwischen Topf und Deckel ein mit Essig getränktes Tuch klemmt. Damit der Kühlschrank nicht nach Fisch riecht, wenn Sie ihn darin aufbewahren müssen, reiben Sie den Fisch mit Zitronenwasser ab und verpacken ihn gut in Folie. Wenn die Küche unangenehm nach Fisch riecht, kann man einen Esslöffel Essig auf die Herdplatte gießen. Der Fischgeruch an den Händen verschwindet, wenn man die Hände mit Bullrich-Salz oder Kaffeesatz abreibt.

Fleisch braten

* Tupfen Sie das Fleisch vor dem Braten gut trocken, damit das Fett nicht spritzt. Das Fett muss sehr heiß sein, damit sich die Fleischporen sofort schließen und kein Saft austreten kann. Das Fleisch darf erst nach dem Braten gesalzen werden, da es so saftiger bleibt. Mit Gewürzen (außer Paprika) können Sie es schon vorher einreiben.

Fleisch klopfen

* Bevor Sie Schnitzel und Steaks mit dem Fleischklopfer bearbeiten, legen Sie sie doch in einen Gefrierbeutel. Dadurch spritzt es nicht so und man spart sich das mühsame Säubern des Fleischklopfers.

Fleisch in dünne Scheiben schneiden

* Um Fleisch in dünne Scheiben zu schneiden, legt man es in das Eisfach und lässt es dort anfrieren. In diesem Zustand lässt es sich ohne viel Mühe mit einem elektrischen Messer oder einer Brotschneidemaschine in gleichmäßig feine Scheiben schneiden.

Fleischfondue

* Sie verhindern ein Überbrodeln des heißen Fetts, wenn Sie eine halbe rohe Kartoffel ins Fondueöl geben. Sollte Fonduefett anfangen zu brennen, löschen Sie es auf keinen Fall mit Wasser, sondern decken Sie ein Tuch darüber, um die Flammen zu ersticken.

Fleisch, zartes

∗ Wenn Sie zum Rostbraten mal ein Stück Rindfleisch erwischt haben, das nicht so gut abgehangen ist, gießen Sie einfach ein Gläschen Cognac darüber. Dieser Trick macht das Fleisch weich und zart, das gilt auch für altes Geflügel. Der Cognacgeschmack ist später nicht mehr zu spüren. Steaks werden besonders zart, wenn Sie sie für zwei Stunden in eine Marinade aus Essig und Öl einlegen.

Folienkartoffeln

∗ Vor dem Einwickeln mit der Gabel anstechen, damit sie beim Garen nicht platzen.

Forelle blau

∗ Auch wenn Sie keinen Fischtopf besitzen, sollten Sie das nicht davon abhalten, eine „Forelle blau" zuzubereiten. Stecken Sie dem Fisch einfach seinen Schwanz ins Maul. Ziehen Sie ihm notfalls einen Faden durch die Augen und binden ihn um den Schwanz. Er kann sich dann auch beim Garen nicht mehr strecken.

Forellen entgräten

∗ Der Fisch wird auf beiden Seiten der Rückengräte eingeschnitten und entlang der ansetzenden Bauchgräten nach unten hin durchtrennt, bis Skelett und Innereien frei liegen. Nachdem Sie die Hauptgräte vorn und hinten mit einer Schere durchtrennt und herausgenommen haben, fahren Sie von vorn nach hinten mit dem Messer an den Filets entlang, damit sich die kleinen Gräten aufrichten; jetzt sind sie zu fühlen und lassen sich mit Hilfe eine Pinzette leicht herausziehen.

Forellen garen

∗ Zwar ist das Aufplatzen der Forellen bei der Zubereitung ein verlässliches Zeichen ihrer Frische; aus ästhetischen Gründen ist es aber unerwünscht. Legen Sie die Fische vor dem Garen für etwa zwei Stunden in den Kühlschrank, dann bleibt der Fisch heil.

Frikadellen

∗ Frikadellen werden würziger, wenn man sie mit Zwiebelsuppenpulver zubereitet. Auf 500 g Hack verwendet man ein Ei und ein Päckchen Zwiebelsuppe.

Frischetest Eier

∗ Geben Sie in ein hohes Gefäß ½ l kaltes Wasser und drei Esslöffel Salz und legen Sie die Eier hinein. Frische Eier sind schwer und liegen unten. Je älter ein Ei ist, desto mehr Luft dringt durch die Schale nach innen. Die Luftkammer vergrößert sich und das Ei wird leichter. Ein acht bis zehn Tage altes Ei beginnt, sich leicht schräg zu stellen, ein noch älteres Ei schwimmt im Wasser.

Frischhaltefolie

∗ Das Zusammenkleben von Frischhaltefolie entfällt, wenn Sie die Folie im Kühlschrank aufbewahren oder vor Gebrauch für einige Minuten in den Gefrierschrank legen.

Frittieren

∗ Wenn Sie beim Frittieren dem Fett einen Teelöffel Essig zusetzen, saugt das Frittiergut nicht so viel Fett auf und schmeckt besser.

Frittierfett

∗ Frittierfett sollten Sie am besten nach jedem Gebrauch reinigen. Dazu lassen Sie das heiße Fett zunächst abkühlen und gießen es dann lauwarm durch eine Filtertüte oder ein mit Küchenkrepp ausgelegtes Sieb. Altes gebrauchtes Fett sollten Sie nie mit neuem auffüllen. Die Qualität wird dadurch nicht verbessert. Wer keine Friteuse mit Thermostat hat und mit normalen Töpfen arbeitet, kann die richtige Temperatur zum Ausbacken leicht austesten. Man hält den Stiel eines Holzkochlöffels in das Fett, bilden sich kleine Bläschen, hat das Frittierfett die richtige Temperatur. Sie können aber auch einige Weißbrotwürfel in das heiße Fett geben. Werden die Brotwürfel sofort braun ist die richtige Temperatur erreicht.

Garprobe bei Fisch

* Ein Fisch ist gar, wenn sich die Rückenflosse leicht herausziehen lässt; wenn sich das Fleisch von der Hauptgräte ziehen lässt; wenn die Augen grau werden.

Garprobe bei Geflügel

* Um sich zu vergewissern, ob Geflügel genügend gebraten ist, dreht man das Stück um und lässt einige Tropfen Saft herausrinnen; ist dieser wasserhell, dann ist der Braten gar; zeigen sich noch Blutspuren, so muss das Geflügel noch länger gebraten werden.

Garprobe für Kuchen

* Bevor Sie den Kuchen aus dem Ofen nehmen, prüfen Sie, ob er durchgebacken ist. Dazu stechen Sie am besten mit einem Holzstäbchen an verschiedenen Stellen in den Kuchen und ziehen es wieder heraus. Haften an dem Stäbchen noch Teigreste, so ist der Kuchen noch nicht fertig.

Gefriergut

* Vor einer längeren Reise sollte man einen Beutel mit Eiswürfeln in die Tiefkühltruhe legen. Bei der Rückkehr gleich nachschauen: Sind die Würfel deformiert, hat es einen Stromausfall gegeben und man sollte sich um das Gefriergut kümmern.

Geleespeisen stürzen

* Geleespeisen lassen sich gut stürzen, wenn Sie die Schüssel mit kaltem Wasser ausspülen, bevor Sie die Geleespeise einfüllen. Wenn Sie die Schüssel vor dem Stürzen kurze Zeit in heißes Wasser stellen, löst sich die Speise noch leichter aus der Schüssel.

Gemüse

* Frisches, grünes Gemüse wie Bohnen und Erbsen behält seine grüne Farbe, wenn Sie es nach dem Garen kurz in Eiswasser abschrecken.

Gemüse andicken

∗ Gemüse lässt sich auch ohne Mehl andicken: In das fast fertige Gericht reibt man eine große rohe Kartoffel und kocht alles noch einmal tüchtig durch.

Gemüse kochen

∗ Geputztes Gemüse in so wenig Salzwasser wie möglich kochen. Das Gemüsewasser für Suppen oder Saucen verwenden; es enthält zahlreiche Nährstoffe.

Gemüse, tiefgefrorenes

∗ Übergießen Sie tiefgefrorenes Gemüse mit heißem Wasser, damit alles Gefrierwasser fortgeschwemmt wird.

Gemüse waschen

∗ Damit das Gemüse beim Waschen nicht sein wasserlösliches Vitamin C verliert, sollte man das Gemüse zur Reinigung nicht in Wasser legen, sondern es rasch, aber gründlich waschen.

Gemüse, welkes

∗ Welkes Gemüse wird wieder frisch, wenn man es einige Zeit in Wasser mit einem Schuss Zitronensaft oder Essig legt.

Geschnetzeltes

∗ Um ein gleichmäßiges Garen zu ermöglichen, muss das Fleisch gleichmäßig dünn geschnitten werden. Am besten lassen Sie dazu das Fleisch vor dem Schneiden im Gefrierschrank etwas anfrieren und erstarren.

Gewürze

∗ Getrocknete Gewürze sollten luftdicht und dunkel aufbewahrt werden, sonst verändert sich ihr Aroma. Da die Lagerzeit beschränkt ist (6 bis 8 Monate), sollten Sie immer nur geringe Mengen einkaufen. Verschiedene Gewürze sollten Sie nie im gleichen Behälter aufbewahren, da Sie sich gegenseitig im Geschmack und Geruch beeinflussen können.

Grießklöße

∗ Sind Grießklöße für die Suppe zu fest geworden, nimmt man sie noch einmal aus der Suppe, legt sie für etwa zehn Minuten in kaltes Wasser und kocht sie dann in der heißen Suppe wieder auf. Sie quellen jetzt so stark, dass sie wieder locker werden.

Grünkohl

∗ Grünkohl (und auch Rosenkohl) schmeckt besonders gut, wenn er vor dem Verzehr Frost bekommen hat. Wollen Sie Grünkohl vor dem ersten Frost essen, so legen Sie ihn nach dem Putzen für ein paar Stunden in den Gefrierschrank oder in das Tiefkühlfach des Kühlschranks.

Gurkensalat

∗ Gurken, die zu Salat verarbeitet werden sollen, nach dem Schälen mit heißem Wasser überbrühen, mit kaltem Wasser abschrecken und dann erst schneiden. Der Gurkensalat wird dadurch leichter bekömmlich.

Hackbraten

∗ Hackbraten brennt unten nicht an, wenn man auf den Topfboden ein Stück Aluminiumfolie und außerdem eine Speckschwarte unter den Braten legt.

Hähnchen, knusprige

∗ Zum Knusprigbraten eines Hähnchens wird die Temperatur des Backofens oft zu hoch eingestellt. Die Haut ist zwar knusprig, das Fleisch aber trocken. Garen sie das Hähnchen langsamer, bei nur 180 Grad, bleibt es saftig. Eine schöne Bräune erreichen Sie, wenn Sie das fast fertige Hähnchen mit einer starken Salz- oder Zuckerlösung oder mit Bier bepinseln. Die letzte Viertelstunde bleibt die Backofentür mit Hilfe eines Holzlöffels einen Spalt geöffnet.

Hartwurst enthäuten

∗ Wenn Sie Hartwurst für kurze Zeit in kaltes Wasser legen, können Sie die dünne Haut sehr viel leichter entfernen.

Hefe

* Hefe soll frisch sein. Wenn Sie nicht wissen, ob die Hefe noch zu verwenden ist, geben Sie ein kleines Stück in heißes Wasser. Sinkt die Hefe zu Boden, ist sie nicht mehr zu verwenden. Hefewürfel bleiben im Gefrierschrank drei Monate frisch.

Hefegebäck

* Das Gebäck wird schön locker, wenn man die Hefe mit Buttermilch oder Kefir anrührt. Die Oberfläche von Hefegebäck wird glänzend, wenn man es kurz vor dem Bräunen mit Eiweiß oder Milch bestreicht.

Honig

* Wenn Honig zu fest geworden ist, können Sie ihn in einem Wasserbad bei etwa 40° C erwärmen. So wird er schnell wieder flüssig, ohne seine wertvollen Bestandteile zu verlieren. Bewahren Sie Honig in verschließbaren Behältern kühl und trocken auf, da er leicht Feuchtigkeit und fremde Gerüche annimmt.

Hülsenfrüchte

* Hülsenfrüchte quellen in kalkarmen Wasser schneller als in hartem Wasser.

Joghurt

* Sie können Joghurt problemlos selbst herstellen. Dafür erwärmen Sie Trinkmilch auf 36° C und geben einen Esslöffel fertigen Joghurt als Starter hinzu. Das Ganze wird gut durchgerührt, bevor Sie es in den auf 50° C vorgeheizten Backofen stellen. Den Ofen ausschalten und den Joghurt etwa 6 bis 8 Stunden reifen lassen. Achten Sie unbedingt darauf, dass der Joghurt, den Sie zum Animpfen verwenden, nicht wärmebehandelt wurde, denn sonst haben Sie keinen Erfolg. Sie können als Starter aber auch ein spezielles Joghurtferment verwenden, das in Bio- und Naturkostläden, Reformhäusern oder Apotheken angeboten wird.

Kaffee

* Filterkaffee schmeckt noch besser, wenn Sie zum Kaffeepulver eine Prise Salz und einen halben Teelöffel Kakao geben.

Kaffeearoma

* Gemahlener Kaffe verliert schnell sein Aroma. Stellen Sie die Kaffeedose in den Kühlschrank, so bewahrt der Kaffee sein Aroma wesentlich länger.

Kakao kochen

* Wird Kakao mit heißer Milch übergossen, klumpt er leicht zusammen. Man verhindert dies, indem man den Kakao vorher mit Zucker mischt und mit einem Esslöffel kalter Milch anrührt. Wollen Sie verhindern, dass sich nach dem Umfüllen in die Trinkgefäße eine Haut bildet, geben Sie einen kleinen Eiswürfel hinzu.

Kartoffelbrei

* Kartoffelbrei wird besonders glatt und geschmeidig, wenn man zunächst die heißen, gekochten Kartoffeln mit der Butter und dem Salz verrührt, am besten mit einem elektrischen Handrührgerät, und dann erst die erwärmte Milch dazu gibt. Ist der Kartoffelbrei zu dünn geraten, geben Sie Trockenmilch- oder Püreepulver dazu und rühren das Ganze gut durch.

Kartoffelklöße

* Bevor Sie die Kartoffelklöße formen, reiben Sie Ihre Handflächen mit Salatöl ein. Die Klöße lassen sich so leichter formen.

Kartoffeln schneiden

* Gekochte Kartoffeln für Kartoffelsalat oder Bratkartoffeln können Sie ganz schnell in einem Eierschneider schneiden.

Kartoffeln schneller kochen

* Kartoffeln kochen schneller, wenn man einen Teelöffel Margarine in das kochende Wasser gibt. Dadurch erhöht sich der Siedepunkt, die Flüssigkeit wird heißer und die Kartoffeln kochen schneller.

Kartoffeln warm halten

* Kartoffeln bleiben, wenn man sie einige Zeit warm halten muss, mehlig und trocken, wenn man ein sauberes Küchenhandtuch über den Topf legt, das den Wasserdampf absorbiert.

Kartoffeln, angebrannte

* Angebrannte Kartoffeln können Sie noch retten, wenn Sie die angebrannten Stellen abschneiden. Zerlassen Sie in einem anderen Topf etwas Butter und schwenken Sie die Kartoffeln darin mit etwas gehackter Petersilie.

Kartoffelpuffer

* Kartoffelpuffer werden lockerer und leichter verdaulich, wenn man an den Teig eine Messerspitze Bullrich-Salz gibt. Die Kartoffelpuffer in dem heißen Fett braten lassen, bis sie einen goldbraunen Rand haben. Erst dann wenden, sonst bleiben sie am Pfannenboden kleben. Kartoffelpuffer bekommen eine besonders schöne Farbe beim Braten, wenn sie unter die geriebenen Kartoffeln einige geriebene Möhren mischen.

Kartoffelpüreepulver

* Sind Eintopf oder Gemüse zu dünn geworden, rühren Sie etwas Kartoffelpüreepulver in das Essen. Der Geschmack bleibt erhalten, und die Speise wird schön sämig.

Käse

* Käse hält sich ohne Austrocknen und Schimmelansatz, wenn man ihn in ein mit Essig befeuchtetes Tuch wickelt und kühl lagert. Eine weitere Möglichkeit ist es den Käse in einem gut schließende Behälter im Kühlschrank aufzubewahren. Wenn Sie ein Stückchen Würfelzucker dazugeben, hält sich der Käse noch länger. Nehmen Sie den Käse etwa eine Stunde vor Gebrauch aus dem Kühlschrank, damit sich Aroma und Duftstoffe besser entwickeln können.

Käsefondue

* Der geschmolzene Käse für das Fondue wird lockerer und bekömmlicher durch die Zugabe einer Prise Bullrich-Salz.

Käse reiben

* Frischer Käse lässt sich besser reiben, wenn man ihn zuerst im Gefrierfach einfriert und dann in gefrorenem Zustand reibt. Die Reibe verklebt dadurch nicht so stark, und man kann den Käse ohne Reste verbrauchen.

Kefirpilz

* Selbst hergestellter Kefir schmeckt am besten. Doch was macht man mit dem Pilz, wenn man in Urlaub fahren möchte? Nach einer gründlichen Reinigung kann man ihn in Alufolie wickeln und einfrieren. So gefroren, kann man ihn nach der Rückkehr in Milch legen. Der Pilz hat die „kalte Urlaubszeit" gut überstanden, wächst und liefert wieder Kefir.

Kekse aufbewahren

* Hartes Gebäck (Springerle, Makronen, Eiweißgebäck, Honig- und Lebkuchengebäck) werden luftig und kühl aufbewahrt. Dafür eignen sich ein großer Tontopf, eine Holzkiste oder ein Pappkarton, der eine Luftzufuhr ermöglicht. Durch die Aufnahme von Luftfeuchtigkeit wird das Gebäck während der Lagerung mürber.
* Für weiches Gebäck eignen sich gutschließende Blech- oder Kunststoffdosen. Knuspriges Gebäck, das auch so bleiben soll, muss luftdicht verschlossen aufbewahrt werden.

Klöße

* Klöße werden nicht so fest, wenn man den Teig vor dem Formen etwa eine Stunde stehen lässt. Klöße zerfallen nicht beim Kochen, wenn man sie beim Formen stets in eine Richtung dreht.

Knäckebrot

* Weichgewordenes Knäckebrot wird im Toaster knusprig frisch. Stellen Sie den Thermostat auf die niedrigste Stufe, damit das Knäckebrot nicht zu dunkel wird.

Knoblauch aufbewahren

* Schälen Sie die frischen Knoblauchzehen und geben Sie sie in Schraubgläser. Darüber gießen Sie ein gutes Speiseöl, so dass die Zehen vollständig bedeckt sind, und bewahren sie an einem dunklen und kühlen Ort auf. Nach dem Verbrauch des Knoblauchs kann man das aromatisierte Öl gut für Marinaden verwenden.

Kochende Speisen

* Müssen Sie an kochende Speisen noch etwas Wasser nachgießen, so nehmen Sie immer kochendes oder sehr heißes Wasser, da die Gerichte sonst an Geschmack verlieren.

Kohlgerichte

* Kohlgerichte werden bekömmlicher, wenn Sie einige Körner Kümmel oder ein Gläschen Kümmelschnaps dazugeben. Kohlgerichte schmecken nicht so streng, wenn Sie den Kohl vor dem Zubereiten mit kochendem Wasser überbrühen.

Kohlgeruch

* Um Kohlgeruch beim Kochen zu vermeiden, klemmen Sie zwischen Kochtopf und Deckel ein Stück angefeuchtetes Pergamentpapier. Ein Stück trockenes Brot, das Sie vor dem Garen auf den Kohl legen, verhindert ebenfalls die Geruchsbildung. Das Brot nach dem Kochen entfernen.

Kopfsalat

* Nehmen Sie den frischen Salatkopf aus der Plastiktüte, wickeln Sie ihn in feuchtes Zeitungspapier, und bewahren Sie ihn im Gemüsefach des Kühlschranks auf. Auf keinen Fall in Plastiktüten aufbewahren.

Kopfsalat welker

* Geben Sie den geputzten Kopfsalat in eine Schüssel mit kaltem Zitronenwasser, die Sie für eine Halbe Stunde in den Kühlschrank stellen.

Koteletts

* Koteletts werden schön saftig, wenn man sie vor dem Würzen und Panieren kurz durch Essigwasser zieht.

Krabben

* Krabben und Garnelen schält man, indem sie in der Mitte durchgebrochen werden. Während eine Hand den Schwanz festhält, zwirbelt man zwischen Daumen und Zeigefinger der anderen die Schale etwas auf, bis

das Fleisch hervorschaut. Jetzt das Fleisch fassen und die Krabbe auseinanderziehen. Damit Krabben bei der Zubereitung nicht zäh werden, lässt man sie nur kurz aufkochen.

Kräuter einfrieren

* Nach dem Waschen die Kräuter gut trocknen lassen. Fein hacken, dann in den Eiswürfelbehälter geben und einfrieren. Wenn die Kräuter vollständig gefroren sind, aus dem Behälter herausnehmen und in kleine Plastikbeutel umfüllen. Im Gefrierschrank gelagert, haben Sie jederzeit frische Kräuter.

Kräuter, frische

* Damit Kräuter frisch und schnittfest bleiben, bewahrt man sie in einem Glas mit weiter Öffnung und Schraubverschluss im Kühlschrank auf. Plastikbehälter mit Vakuumverschluss erfüllen den gleichen Zweck. Legen Sie zwischen jede Kräuterlage ein Blatt Küchenpapier. Petersilie können Sie ungehackt einfrieren, sie lässt sich in gefrorenem Zustand leicht zerbröseln. Frische Kräuter behalten besser ihren Saft, wenn man sie auf einem angefeuchteten Holzbrett schneidet oder hackt, da so der Saft nicht in das trockene Holz eindringt.

Kräuter, getrocknete

* Getrocknete Kräuter verändern ihren Geschmack und ihren Geruch durch den Einfluss von Licht und Sauerstoff. Deshalb sollten sie immer luftdicht verschlossen in dunklen Gläsern aufbewahrt werden. Küchenkräuter lassen sich im Mikrowellenherd übrigens problemlos trocknen.

Kuchen (Kasten-)

* Kastenkuchen schneidet man einfach in der Mitte an und schiebt die beiden Hälften dann zum aufbewahren zusammen. So trocknen die Schnittflächen nicht aus.

Kuchenteig

* Kuchenteig muss immer in der gleichen Richtung gerührt werden, da durch einen Wechsel das spätere Aufgehen oder Gären gefährdet wird.

Die Eidotter vor dem Hinzufügen stets schaumig schlagen und ein wenig Essig hinzufügen.

* Ein Kuchenteig aus vielen Eiern und viel Fett ist oft fest. Man bekommt ihn auf einfache Art locker, wenn man einen Teil der vorgesehenen Menge Mehl durch Stärkemehl ersetzt.

* Wenn man einen Kuchen- oder Plätzchenteig, die ja oft kleben, auswälzt, legt man am besten eine Klarsichtfolie auf den Teig. Dadurch kann man den Teig ganz dünn walzen, ohne dass er an der Walze klebt.

Leber

* Leber darf vor dem Braten nicht gesalzen werden, da sie sonst hart wird. Deshalb erst nach dem Braten würzen. Besonders zart wird Leber, wenn Sie sie vor dem Braten etwa eine halbe Stunde in Milch einlegen, danach gut abtrocknen, in Mehl wenden und braten.

Mais kochen

* Dem Kochwasser sollten Sie kein Salz hinzufügen, weil das die Maiskörner zäh macht. Ein Schuss Zitronensaft im Kochwasser erhält die schöne gelbe Farbe der Maiskörner.

Maiskolben putzen

* Die etwas klebrigen Fäden an den Maiskolben lassen sich leicht mit einer alten Zahnbürste entfernen.

Marmeladen und Gelees einmachen

* Marmeladen werden immer heiß in gutgespülte und getrocknete Gläser eingefüllt und sofort verschlossen. Gelees müssen immer erst abkühlen, bevor sie verschlossen werden, da sich sonst Kondenswasser bildet und den Gelierprozess verhindert. Marmeladen und Gelees gelieren besser, wenn man dem Einkochobst einige unreife Früchte beifügt.

Mayonnaise

* Bei der Zubereitung von Mayonnaise sollten Sie nur gut gekühlte Eier direkt aus dem Kühlschrank verwenden, weil sie so schneller dick wird.

Meerrettich

∗ Damit Ihnen beim Meerrettichschneiden nicht die Tränen kommen, hängen Sie ein nasses Tuch über zwei Töpfe und reiben darunter den Meerrettich.

Mehl

∗ Mehl klumpt nicht beim Binden von Suppen oder Saucen, wenn man dem Mehl vorher etwas Salz untermischt.

∗ Mehl nimmt leicht fremde Gerüche an. Es muss deshalb von stark riechenden Lebensmitteln getrennt gelagert werden. Es ist darauf zu achten, dass keine Feuchtigkeit an das Mehl gelangt, weil es sonst verklumpt.

Melonen

∗ Wassermelonen sind reif, wenn sie beim Abklopfen einen dunklen Ton von sich geben. Klingt der Ton hohl, sind die Melonen noch nicht reif oder trocken. Den Reifegrad von Netzmelonen stellen Sie durch eine einfache Geruchsprobe vom Stielansatz fest. Riecht die Melone intensiv und typisch, dann hat sie ihren optimalen Reifegrad erreichet.

Milch, angebrannte

∗ Die Milch schmeckt nicht mehr angebrannt, wenn Sie etwas Natron dazugeben und sie in einem neuen Topf noch einmal aufkochen.

∗ So können Sie das Anbrennen der Milch verhindern: Spülen Sie den Topf vorher mit kaltem Wasser aus, oder lassen Sie ein kleines Stückchen Margarine im Topf schmelzen, so dass der ganze Boden damit überzogen ist.

Milch, übergekochte

∗ Wenn Ihnen die Milch übergekocht ist, nehmen Sie den Topf schnell von der Herdplatte und wischen sie mit einem feuchten Tuch ab. Auf angebrannte Milch auf der Herdplatte streuen Sie Salz, das verhindert den beißenden Geruch.

Milchreis

∗ Milchreis wird locker und klebt nicht, wenn Sie ihn zunächst in Wasser kochen. Das Wasser dann abgießen und erst dann die Milch dazugeben, so dass der Reis gut bedeckt ist. Den Reis nun in der Milch ausquellen lassen.

Mohn
* Mohn wird aufgrund seines hohen Ölgehalts leicht ranzig; sie sollten immer nur kleine Mengen einkaufen und direkt verarbeiten. Gemahlener Mohn kann 3 Monate eingefroren und in kleinen Portionen entnommen werden.

Mürbeteig
* Mürbeteig lässt sich gut zwischen zwei Lagen Backpapier ausrollen und kann dann gleich mit der unteren Lage auf das Backblech gehoben werden.

Muscheln
* Vor dem Kochen geöffnete oder verletzte Muscheln wegwerfen. Die guten Exemplare ohne Flüssigkeit, aber mit klein geschnittenem Gemüse (Suppengrün, Tomaten, Zwiebeln, Knoblauch usw.) aufsetzten; sie sondern beim Erhitzen selbst genug ab. Nach dem Garen werden die Muscheln, die sich nicht geöffnet haben, ebenfalls weggeworfen.

Napfkuchen aus der Form lösen
* Napfkuchen, der aus dem Ofen kommt, muss noch für einige Minuten in der Form bleiben. Danach stürzen Sie ihn auf ein Kuchengitter und entfernen die Form. Lässt sich die Form nicht lösen, so legen Sie auf die Form ein feuchtes und kaltes Tuch, danach lässt sie sich leicht abheben. Leichter lässt sich der Kuchen auch aus der Form lösen, wenn Sie sie nach dem Fetten mit Semmelbröseln ausstreuen.

Napfkuchen
* Napfkuchen fallen beim Backen oft zusammen. Um das zu vermeiden, stellt man vor dem Backen ein Stück einer Makkaroni in den Teig, das dann als „Kamin" wirkt. So geht der Kuchen prächtig auf.

Nudeln
* Nudeln sollten Sie immer in reichlich Salzwasser, dem Sie einen Esslöffel Öl zugefügt haben, kochen. So kleben sie nicht zusammen.

Nüsse

* Nüsse schimmeln, wenn sie nicht an einem ganz trockenen Ort aufbewahrt werden. Am besten hängt man sie in einen luftdurchlässigen Beutel oder in Netzen, in denen Apfelsinen verpackt waren, an einem trockenen Ort auf. Die braune Haut von entkernten Nüssen können Sie leicht abziehen, wenn Sie die Nüsse eine Viertelstunde in warme Milch legen.

Nüsse knacken

* Soll vermieden werden, dass beim Öffnen der Kern zerquetscht wird, legt man die Nüsse für etwa eine halbe Stunde in kochendheißes Wasser.

Obst

* Frisch geschnittenes Obst, wie Äpfel, Birnen und Bananen, wird nicht braun, wenn Sie es sofort mit Zitronensaft beträufeln.

Obstsalat

* Damit ein Obstsalat als Dessert schön frisch bleibt und nicht zusammenfällt, servieren Sie ihn in einer Schüssel, die in einer anderen, mit Eiswürfeln gefüllten Schüssel steht. Etwas kleingeschnittener Ingwer oder in Rum eingelegte Rosinen verleihen dem Obstsalat eine besondere Note.

Obsttortenboden

* Flüssigkeit aus dem Obst weicht den Tortenboden auf. Dies können Sie verhindern, wenn Sie den Tortenboden gleichmäßig mit Sahnesteif bestreuen.

Öl

* Öl wird nicht ranzig, wenn man die Flasche mit einem Leinenlappen verschließt und dunkel aufbewahrt. Öl hält sich länger frisch, wenn man einige Körnchen Salz dazugibt.

Orangen

* Zum Entfernen der weißen Schalenreste werden die Orangen vor dem Schälen für ein paar Minuten in kochendes Wasser gelegt.

Panieren ohne Ei

∗ Das Fleischstück kurz unter kaltes Wasser halten und dann sofort in Paniermehl wälzen. Sehr feines Paniermehl mit Kondensmilch mischen und darin die zu panierenden Stücke wälzen. Eventuell etwas Paniermehl nachstreuen.

Paprikapulver

∗ Paprikapulver darf niemals schon beim Anbraten zum Fleisch gegeben werden, da es verbrennt und dem Fleisch einen bitteren Geschmack gibt.

Petersilie

∗ Petersilie bleibt länger frisch, wenn man sie in einem sauberen Schraubglas aufbewahrt. Man kann die Petersilie auch waschen, abtropfen lassen und dann in einem Frischhaltebeutel im Kühlschrank aufheben oder kleingehackt einfrieren.

Pfannkuchen

∗ Wenn sie einen Schuss Bier in den Pfannkuchenteig geben, wird er besonders locker. Den gleichen Effekt erzielt man, wenn man die Hälfte der Flüssigkeit oder mit wenigstens 0,1 l Mineralwasser ersetzt und etwas Backpulver hinzu gibt.

Pflaumenmus

∗ Wenn Sie Pflaumenmus selber einmachen, empfiehlt es sich, die Pflaumen, nachdem sie entkernt worden sind, durch den Fleischwolf zu drehen. Sie bekommen dann besonders lockeres und streichfähiges Pflaumenmus. Die obere Schicht mit Zimt bestreuen. Das hält das Pflaumenmus länger frisch.

Pilze zubereiten

∗ Pilze bereiten Sie am besten in emaillierten Töpfen oder in Glasgeschirr zu. Eisen- oder Aluminiumgeschirr kann zu Geschmacksveränderungen oder zu Verfärbungen der Pilze führen. Frische Pilze sollten schnell verbraucht werden und dürfen nicht längere Zeit gelagert werden, weil sie sonst ein Gift absondern und ungenießbar werden. Dunkel verfärbte Pilze sind in der Regel schon verdorben und dürfen nicht mehr zubereitet werden. Zum Säubern darf man Pilze niemals in Wasser legen, weil sie zuviel Wasser aufnehmen. Stattdessen die Pilz unter fließendes Wasser halten und abspülen. Pilze dürfen immer nur zubereitet genossen werden, mit Ausnahme von frischen Champignons, die man roh in Scheiben schneiden und unter Salate mischen kann. Wenn man Alkohol zu und nach Pilzgerichten trinkt, kann das manchmal zu Übelkeit bzw. Magenbeschwerden führen. Zubereitete Pilzgerichte auf keinen Fall länger als einen Tag aufheben; es können sich Giftstoffe bilden.

Pommes frites
∗ Pommes aus dem Backofen werden schön knusprig, wenn man sie vor dem Backen mit ein wenig Salzwasser bestreicht.

Pudding ohne Haut
∗ Pudding ohne Haut erhalten Sie, wenn Sie auf die heiße Speise etwas Zucker streuen.

Puderzuckerglasur
∗ Mit Wasser angerührter Puderzucker wird leicht zu einer grauen Glasur. Schneeweiß und appetitlich wird die Glasur dagegen, wenn man statt Wasser Milch zum Anrühren verwendet.

Quark
∗ Quark bleibt fast doppelt so lange frisch, wenn man die gut verschlossene Packung auf den Kopf stellt.

Radieschen und Rettiche
∗ Radieschen und Rettiche bleiben länger frisch, wenn man sie mit dem Kraut nach unten in ein Gefäß mit Wasser stellt.

Rinderbraten
∗ Rinderbraten wird besonders saftig, wenn Sie ihn vor dem Braten einen Moment in kochendes Wasser tauchen. Danach gut abtrocknen.

Rosenkohl

* Rosenkohl nicht im Aluminiumtopf kochen und immer einen Schuss Essig ins Kochwasser geben. Rosenkohl wird gleichmäßig gar, wenn Sie schon beim Putzen den Strunk leicht einkerben.

Rosinen

* Rosinen sinken beim Backen nicht nach unten in den Teig, wenn man sie wäscht, trocknet und in Mehl wälzt. Das gleiche Ziel erreicht man, wenn man die Rosinen kurze Zeit in heißem Rum ziehen lässt.

Rotkohl

* Rotkohl lässt sich besonders mit Orangenstücken und -likör verfeinern

Rührei

* Wenn Sie ein besonders pikant und kräftig schmeckendes Rührei zubereiten wollen, sollten Sie einen knappen Teelöffel geriebenen Käse pro Ei dazugeben. Mit Parmesankäse schmeckt es am besten.

Sahne schlagen

* Süße Sahne wird sehr fest, wenn man ihr während des Schlagens einige Tropfen Zitronensaft hinzufügt sowie anstelle von Zucker Puderzucker verwendet.

Salat

* Angewelkten Salat können Sie mit einer Auffrischungskur wieder ansehnlich machen: Geben Sie einige Scheiben einer rohen Kartoffel und den Saft einer halben Zitrone ins letzte Waschwasser. Den Salat zehn Minuten darin liegen lassen. Grüner Salat hält sich im Kühlschrank einige Tage frisch, wenn Sie ihn geputzt und gewaschen in Frischhaltefolie verpacken und im Gemüsefach aufbewahren.

Salz

* Salz bindet Feuchtigkeit. Um Klumpen zu vermeiden, sollte man das Salz mit ein paar Reiskörnern vermischen. Beim Anbraten von Fleisch in der offenen Pfanne spritzt das Fett oft heraus. Dies kann man verhindern, wenn man etwas Salz in die Pfanne streut, bevor man das Fleisch hineinlegt.

Salzkartoffeln

∗ Wenn Sie einen Teelöffel Öl ins Kochwasser geben, kochen Salzkartoffeln nicht über.

∗ Hält man Salzkartoffeln längere Zeit warm, werden sie leicht wässrig. Dies kann man verhindern, indem man über den Topf ein Küchentuch breitet. Das Tuch saugt den aufsteigenden Dampf auf, und die Kartoffeln bleiben trocken.

Sauerkraut

∗ Sauerkraut schmeckt herzhafter, wenn man im Anschluss ans Garen noch ein wenig rohes untermischt. Sauerkraut sollten Sie nie in Plastiktüten oder Plastikgefäßen kaufen, da sich durch die Säure giftige Stoffe aus der Plastikverpackung lösen können. Der Geschmack wird verdorben und die Vitamine werden zerstört.

Sauerrahm

∗ Sauerrahm ist kochfest. Gießen Sie jedoch nie kalten Rahm in kochende Soßen, er flockt sonst aus. Besonders gut duftet Ihre Bratensoße, wenn Sie den Sauerrahm erst ganz kurz vor dem Servieren dazugeben.

Schimmelbildung auf Marmelade

∗ Damit selbstgemachte Marmelade nicht schimmelt, legen Sie ein in Alkohol getränktes Stück Pergamentpapier auf die Marmelade und verschließen erst dann die Gläser.

Schimmelbildung bei Brot

∗ Ein Stückchen rohe Kartoffel, das Sie in das Brotfach geben verhindert, dass das Brot schimmelt. Die Kartoffel öfter auswechseln.

Schnecken und Insekten im Kohl

∗ Um Schnecken und andere Kleintiere aus Kohl zu entfernen, legen Sie den Kohl etwa 15 Minuten in hochkonzentriertes Salzwasser.

Schnittkäse, hartgewordener
* Hartgewordener Schnittkäse wird wieder weich, wenn man ihn für einige Zeit in frische Milch legt.

Schweinebraten
* Die Schwarte vom Schweinebraten wird besonders knusprig, wenn man sie 10 bis 15 Minuten vor Garzeit ab und zu mit Bier oder Salzwasser bestreicht und bei höherer Temperatur weiterbrät.

Sekt
* Angebrochener Sekt, wird nicht schal, wenn Sie einen Silberlöffel mit dem Stiel nach unten in die Sektflasche hängen und in den Kühlschrank stellen.

Spargel
* Spargel hält sich einige Tage frisch, wenn man ihn in ein feuchtes Tuch wickelt und im Kühlschrank aufbewahrt. Das Tuch bei Bedarf nochmals anfeuchten.

Spargelschalen
* Die Schalen geschälter Spargel nicht wegwerfen, sondern als Fond für aromatische Suppen und Saucen verwenden.

Spargel schälen
* Man setzt das Messer etwa zwei Zentimeter unterhalb des Kopfes an und schält nach dem Ende zu etwas dicker; holzige Teile unbedingt herausschneiden. Hinterher nicht wässern, sondern nur kurz spülen.

Speck braten
* Speckscheiben schrumpfen beim Braten nicht so stark, wenn man sie nur langsam erhitzt.

Speiseöl
* Das Öl ist empfindlich gegen Licht und Sonne. Bewahren Sie deshalb Ihr Speiseöl an einem dunklen Ort auf. Kaufen Sie auch bevorzugt Speiseöl in dunklen Flaschen.

Spritzbeutel

* Bevor Sie einen Spritzbeutel füllen, stellen Sie ihn mit der Tülle nach unten in ein Marmeladenglas oder ein hohes Trinkglas. Jetzt kann beim Einfüllen nichts mehr danebengehen.

Strudelteig

* Strudelteig reißt nicht so schnell, wenn Sie etwas Essig und Öl unter den Teig mischen.

Suppenfleisch

* Das Fleisch wird schneller gar und schmeckt prima, wenn Sie einen Schuss Cognac ins Kochwasser geben. Suppenfleisch wird zart, wenn Sie einen Esslöffel Essig ins Kochwasser geben.

Süßkartoffeln

* Süßkartoffeln luftig, kühl, aber nicht im Kühlschrank lagern. Süßkartoffeln eignen sich bestens zum Grillen und Backen. Zu Fleisch passen sie weniger gut.

Tee-Ei

* Um Gewürzkörner wie Senf-, Pfefferkörner oder Wacholderbeeren nach dem Kochen leicht aus den Speisen zu entfernen, gibt man sie in ein Tee-Ei, das man zu dem kochenden Gericht gibt.

Tintenfisch

* Tintenfisch wird zart, wenn Sie ihn kleingeschnitten ohne irgendwelche Zutaten in einer völlig trockenen, beschichteten Pfanne so lange erhitzen, bis er keine Flüssigkeit mehr abgibt und eine leicht rötliche Färbung angenommen hat. Alles was Sie an Zutaten dazugeben, muss vorher erhitzt werden.

Toastbrot ohne Toaster

* Legen Sie ein Stück Alufolie auf die Herdplatte, und rösten Sie die Scheiben bei mittlerer Hitze auf der Alufolie.

Tomaten enthäuten

* Ritzen Sie die Früchte mit einem scharfen Küchenmesser an einer Stelle ein, geben Sie sie in eine Schüssel und gießen kochendes Wasser darüber. Die Tomaten etwa eine Minute im Wasser lassen, dann die Haut abziehen.

Tomaten

* Tomaten reifen gut nach, wenn Sie sie an einen hellen, aber nicht sonnigen Platz legen.

Torten schneiden

* Einfach und glatt lassen sich Torten schneiden, wenn Sie das Messer immer wieder in heißes Wasser tauchen.

Tortenboden teilen

* So können sie einen Tortenboden in ein oder zwei Platten teilen: Sie ritzen den Boden am Rand ringsherum gleichmäßig ein, legen einen Zwirnfaden in die Schnittlinie und ziehen die Enden des Fadens über Kreuz zusammen.

Trockenfrüchte

* Trockenfrüchte eignen sich hervorragend zum Süßen von vielerlei Süßspeisen. Damit können Sie zusätzliche Gaben von Zucker vermeiden und erhalten neben der Süße auch noch Vitamine und Nährstoffe. Vermeiden Sie aber geschwefelte und anderweitig konservierte Trockenfrüchte.

Überkochen

* Kartoffeln, Reis und Nudeln kochen nicht mehr über, wenn Sie eine Messerspitze Margarine oder einige Tropfen Öl in das kochende Salzwasser geben.

Umweltfreundliches Einkaufen

* Gerade beim Einkaufen können sie viel für die Umwelt tun und helfen, dass die Müllberge nicht in den Himmel wachsen, wenn Sie folgende Punkte beachten: Nehmen Sie Körbe, Taschen oder Netze mit, damit Sie

keine Plastiktüten brauchen. Haben Sie einmal nichts dabei, schauen Sie, ob Sie Papiertüten bekommen; in vielen Geschäften werden sie als Alternative angeboten.

∗ Kaufen Sie Getränke (auch Milch) nur noch in Mehrwegflaschen. Kaufen Sie Lebensmittel – vor allem Obst, Gemüse, Fleisch und Wurstwaren - , die es auch offen gibt, nicht abgepackt.

∗ Nehmen Sie bei Lebensmitteln, die Sie nicht lose kaufen können, nicht die in Kunststoff, sondern die in Papier, Pappe oder Glas verpackten.

∗ Vermeiden Sie die sogenannten „Wegwerfartikel", wie z.B. Einweggeschirr, auch wenn es Ihnen etwas mehr Arbeit macht. Kaufen Sie nichts, was unnötig verpackt ist. Nehmen Sie möglichst Großpackungen statt kleiner Einzelportionen. Kaufen Sie Produkte, für die es Nachfüllpackungen gibt. Vermeiden Sie Spraydosen, auch wenn draufsteht, dass sie kein FCKW enthalten, denn sie bestehen meist aus umweltbelastendem Weißblech oder Aluminium.

∗ Beim Kauf von Elektrogeräten und Haushaltswaren sollten Sie darauf achten, dass Sie langlebige Produkte wählen, die auch gut zu reparieren sind. Viele Produkte sind mit dem blauen Umweltengel gekennzeichnet. Dieses Zeichen wird von einer unabhängigen Jury (Jury Umweltzeichen) nach einer intensiven Prüfung des Produktes auf Umweltfreundlichkeit vergeben.

Vanillesauce

∗ Die Vanillesauce schmeckt besser, wenn ihr etwas mit Milch verquirltes Eigelb zugegeben wird.

Vanillezucker

∗ Vanillezucker können Sie ganz einfach selbst herstellen. Geben Sie einige der Länge nach aufgeschnittene Vanilleschoten in ein Schraubglas mit Zucker. Nach Belieben können sie auch das Vanillemark aus den Schoten herausschaben und mit dem Zucker mischen. Dadurch wird der Vanillegeschmack noch intensiver.

Waffeln

∗ Fügen Sie dem Waffelteig eine Prise Backpulver zu, und lassen Sie den Teig eine Stunde stehen, dann werden die Waffeln schön locker.

Walnüsse

* Um Walnüsse im Ganzen aus der Schale zu bekommen, legen Sie sie vor dem Knacken etwa 24 Stunden in Wasser. Gehackte Walnüsse geben einem Salat aus Rote-Bete-Streifen und Apfelscheiben eine pikante Note.

Wasserbad

* Wollen Sie eine Soße im heißen Wasserbad zubereiten oder Kuvertüre auflösen, so achten Sie darauf, dass der kleine Topf im großen Topf nicht im Wasser, sondern über dem Wasser hängt. Die Wärme verteilt sich so gleichmäßiger, und die Speisen gelingen besser.

Wein aufbewahren

* Oft behält man einen kleinen Rest Wein übrig. Füllen sie diese Reste in den Eiswürfelbehälter Ihres Kühlschranks. So haben Sie immer einen kleinen Vorrat im Kühlschrank, wenn Sie ein bisschen Wein zum Abschmecken oder Verfeinern von Soßen brauchen.

Würzen

* Grundregel: Unzerkleinerte und grobe Gewürze möglichst früh, feingemahlene möglichst spät zum Gericht geben. Pikante Gerichte benötigen zu ihrer Vollendung eine Prise Zucker. Ebenso gilt eine Prise Salz bei süßen Gerichten als Vollendung.

Zitronen

* Um das Austrocknen einer angeschnittenen Zitrone zu vermeiden, legt man sie mit der Schnittfläche nach unten in eine Tasse, deren Boden mit Zucker bestreut ist. Zitronen werden ergiebiger, wenn man sie vor Gebrauch in heißes Wasser legt oder auf dem Tisch unter leichtem Druck hin und her rollt. Manchmal braucht man nur ein paar Tropfen Zitrone und will deshalb nicht die ganze Frucht aufschneiden. Stechen Sie ein kleines Loch in die Zitrone. Dann können sie den Saft tröpfchenweise auspressen.

Zitronenwürze

* So können Sie sich ganz leicht einen Vorrat an Zitronenwürze zulegen: Reiben Sie die gewaschenen, ungespritzten Zitronen, geben Sie sie in ein

Marmeladenglas mit Schraubverschluss und fügen Sie pro Frucht drei Teelöffel Zucker hinzu.

Zucker

* Zucker verliert an Süßkraft, wenn er längere Zeit mitgekocht wird. Man gibt deshalb den Zucker erst an die fertiggekochte Speise und lässt sie nur noch einmal kurz aufkochen.

Zuckerguss

* Zuckerguss wird herrlich weiß, wenn man den Puderzucker mit Milch statt Wasser anrührt. Damit Zuckerguss nicht nur süß schmeckt, rühren Sie den Puderzucker am besten mit Orangen- oder Zitronensaft an. Den Guss auf die noch warmen Plätzchen streichen, damit er gut trocknet. Rosa färben Sie den Zuckerguss, indem Sie ihn mit etwas Kirschsaft oder Rote-Bete-Saft anrühren.

Zu süß

* Ein Teelöffel Zitronensaft, eventuell auch Apfelessig, bindet den Zucker und rundet zudem den Geschmack der Speisen ab.

Zwiebeln schneiden

* Es gibt verschiedene Möglichkeiten, beim Zwiebelschneiden Tränen zu vermeiden: Schneiden Sie die Zwiebeln unter fließendem Wasser, da können sich die ätherischen Öle nicht gut entfalten. Schneiden Sie die Zwiebeln bei geöffnetem Fenster. Legen Sie die Zwiebeln vor dem Schneiden für einige Zeit in den Kühlschrank, die Kälte verhindert die Entwicklung der ätherischen Öle.

Zwiebeln

* Wenn Zwiebeln einzeln in Folie gewickelt werden, treiben sie nicht, werden nicht weich und bleiben länger frisch. Will man eine angeschnittene Zwiebel aufheben, reibt man die Schnittfläche mit Butter oder Margarine ein wickelt sie in Folie. Im Kühlschrank bleibt sie länger frisch und verströmt keinen Geruch.

Die besten Tipps für

Küche und Bad

Abflüsse, verstopfte

* Ist der Abfluss von Badewanne, Dusche oder Waschbecken verstopft, greifen Sie nicht zu einem scharfen Abflussreiniger, sondern zu einer Saugglocke oder einer Rohrspirale. In verstopfte Abflussrohre kann man auch Cola schütten und stehen lassen. Das macht sie wieder frei. Ab und zu können Sie auch eine heiße Sodalösung in die Toilette oder in den Ausguss gießen. Lassen Sie die Lösung gut einwirken und bürsten Sie dann kräftig durch.
* Gegen Urinstein hilft am besten Essig oder Zitronensäure. Achtung! Kippen Sie nie WC- und hypochlorithaltige Sanitärreiniger nacheinander in die Toilette, es entwickelt sich giftiges Chlorgas.
* Um Verstopfungen zu vermeiden, stellen Sie im Bad einen kleinen Abfalleimer mit Deckel auf. Dort kommen alle Abfälle hinein, die nicht ins WC gehören (Q-Tips, Zigarettenkippen, Tampons, Binden, Windeln, Haare etc. Auch Speisereste gehören nicht ins WC!).

Abtauen

* Tauen Sie Kühlschrank und Gefrierschrank regelmäßig ab, um Energie zu sparen. Schneller geht`s, wenn das Gerät mit dem Föhn innen erwärmt wird oder eine Schüssel mit heißem, dampfendem Wasser ins Gerät gestellt wird.

Aluminiumtöpfe reinigen

* Mit der Zeit werden Aluminiumtöpfe matt und unansehnlich. Erneuter Glanz stellt sich ein, wenn Sie darin Apfelschalen, Rhabarberschalen oder Spinatabfälle einige Minuten kochen. Danach den Topf gut auswischen.
* Von außen können Sie ihn mit einer Mischung aus Seifenpulver und Zigarettenasche (Mischung 1:1) abreiben. Ist Ihnen in einem Aluminiumtopf etwas angebrannt, so füllen Sie den Topf mit Wasser und geben reichlich Bullrich-Salz dazu. Lassen Sie den Topf über Nacht einweichen, er ist danach gut zu säubern. Bleibt dennoch ein Rest, so müssen Sie dieses Verfahren noch einmal wiederholen.

Armaturen und Wasserhähne

* Armaturen und Wasserhähne werden wieder glänzend, wenn Sie sie mit einem mit Spiritus befeuchteten Lappen abreiben und mit einem weichen

Tuch polieren. Oder mischen Sie Essig-Essenz 1:1 mit Wasser und füllen die Flüssigkeit in einen Sprüher. Sprühen Sie die Armaturen mit dieser Lösung ein und lassen diese einwirken. Vorgang evtl. mehrmals wiederholen. Schwierigen Stellen können Sie mit einem in der Wasser-Essigmischung oder mit Zitronensaft getränktem Tuch umwickeln und einwirken lassen. Löst sich der Kalk nicht sowieso schon von alleine, dann müssen Sie mit einer Bürste oder ähnlichem vorsichtig nachhelfen. Anschließend mit warmem Wasser abspülen, gut trocken wischen und die Armaturen glänzen wieder.

Ausguss, Haare im
∗ Man muss sie mühsam per Hand oder Pinzette entfernen. Spezielle Abflusssiebe verhindern, dass es im Abflussrohr zu Verstopfungen kommt.

Ausgüsse, riechende
∗ Ausgüsse nehmen leicht einen unangenehmen Geruch an. Er lässt sich problemlos beseitigen, wenn Sie Soda in kochendes Wasser geben und damit den Ausguss durchspülen.

Babyflaschen
∗ Normalerweise reicht es, wenn Sie Babyflaschen mit einer Kochsalzlösung auswaschen und gründlich mit klarem Wasser nachspülen. Wollen Sie die Flaschen keimfrei machen, so kochen Sie sie in klarem Wasser aus und geben ein bis zwei Esslöffel Natron in das Spülwasser.

Backbleche reinigen
∗ Wischen Sie das noch warme Backblech mit etwas Salz und Papier ab und reiben es mit einigen Tropfen Öl ein. Kuchenkrusten können Sie entfernen, indem Sie das Backblech in Wasser einweichen oder ein nasses Tuch darauf legen. Nach einigen Stunden lässt sich die Kruste leicht entfernen.

Backofen, verschmutzter
∗ Verschmutzte Backöfen lassen sich am besten gleich nach dem Benutzen mit seifenhaltigen Drahtschwämmen oder mit Seifenlauge, der Sie

etwas Spiritus beigeben, reinigen. Mit kaltem Wasser nachwischen. Ist im Backofen etwas übergelaufen, streuen Sie Salz darauf, und nach dem Auskühlen des Backofens können Sie die Reste leicht abbürsten.

Blechgeschirr
* Blechgeschirr wird wieder wie neu, wenn Sie es mit einer Sodalösung waschen und mit trockener Kreide nachbehandeln.

Brauseköpfe, verkalkte
* Verkalkte Brauseköpfe können sie zum Entkalken für einige Stunden in warmes Essigwasser legen, das zu zwei Dritteln aus Essig und einem Drittel aus Wasser besteht. Danach die Brauseköpfe kräftig ausspülen.

Dampfdrucktöpfe reinigen
* Spülen Sie Ihren Dampfdrucktopf sofort nach Gebrauch. Den Deckel nicht ins Wasser tauchen, da das Ventil verstopfen könnte. Deckel einfach nur feucht abwischen und dann mit einem in klarem Wasser angefeuchteten Tuch nachreiben.

Dichtungen selber wechseln
* Schadhafte Dichtungen sollte man sofort auswechseln, da man sonst unnötig Wasser verbraucht. Einfach den Kopf des Wasserhahns abschrauben, das Sieb und die alte Dichtung herausnehmen. Sieb abspülen, nötigenfalls entkalken, neue Dichtung einsetzen, zuschrauben – fertig.

Dunstabzugshaube
* Fettiger Schmutz haftet nach kurzer Zeit an jeder Dunstabzugshaube. Mit herkömmlichen Mitteln ist meist nichts zu machen. Eine Mischung aus flüssigem Geschirrspülmittel und Spülmaschinenpulver entfernt mühelos jeden Schmutz.

Duschköpfe
* Mischen Sie zu gleichen Teilen Essig und Wasser und kochen Sie verkalkte Duschköpfe 15 Minuten lang darin. Kunststoff-Duschköpfe lassen Sie über Nacht im Essigwasser liegen.

Duschtüren reinigen

* Glastüren von Duschen sind oft milchig. Sie werden schnell wieder glänzend, wenn man sie mit einem in Essig getränkten Tuch abreibt.

Duschvorhänge

* Damit der Duschvorhang besser gleitet, reibt man die Duschstange mit etwas Vaseline ein.

* Duschvorhänge schimmeln nicht, wenn man sie vor dem Aufhängen in Salzwasser legt. Waschen können Sie Duschvorhänge in einem Feinwaschmittel, Stockflecken danach mit etwas Natron, bei hellen Vorhängen auch mit Essig oder Zitronensaft abreiben.

Edelstahl

* Normale Verschmutzungen mit heißem Wasser und Spülmittel reinigen. Bei stärkeren Verschmutzungen das verbrannte mit Essig oder Zitronensaft einweichen oder mit Edelstahlputzmittel bearbeiten. Töpfe aus Edelstahl können auch problemlos in der Spülmaschine gespült werden.

Edelstahlspülen

* Blinde Spülbecken werden wie neu, wenn Sie sie mit einer Paste aus Schlämmkreide und Essig einreiben. Feucht nachwischen und mit einem trockenen, weichen Tuch polieren. Edelstahlspülen und -töpfe kann man ebenso mit einer halbierten, rohen Kartoffel abreiben und mit einem weichen Tuch nachpolieren. Sie glänzen dann wieder wie neu.

Eierkocher

* Auf dem Boden teflonbeschichteter Eierkocher setzt sich mit der Zeit ein grauer Belag ab. Geben Sie von Zeit zu Zeit etwas Essigwasser auf den Topfboden und lassen Sie die Mischung ein bis zwei Stunden einwirken. Mit kaltem Wasser nachspülen und mit einem trockenen Lappen nachwischen.

Eierschachteln

* Zerbrochene Eier in der Pappschachtel lassen sich nur schwer herausnehmen, weil sie festkleben. Wenn Sie die Schachtel anfeuchten, lassen sich die Eier leicht herausnehmen.

Einmachgläser öffnen

* Einmachgläser lassen sich leichter öffnen, wenn Sie die Gläser kurz auf dem Kopf stehend in heißes Wasser tauchen.

Eisenpfannen

* Eisenpfannen sollten Sie wegen Rostgefahr nie auswaschen, sondern mit Salz und Papier ausreiben und danach leicht einölen.

Elektrokochplatte reinigen

* Schmutz in den feinen Rillen der Kochplatte lässt sich am besten auf der leicht angewärmten Kochplatte lösen, indem man etwas Backpulver darauf streut und dieses mit einem Spülschwamm verreibt und dann abwischt.

Emaillierte Töpfe

* Emaillierte Töpfe werden wieder sauber, wenn Sie sie mit heißer Soda- oder Seifenlösung waschen und mit klarem Wasser nachspülen. Sind Töpfe innen schwarz geworden, so kochen Sie sie mit Rhabarberblättern aus. Danach ebenfalls mit klarem Wasser nachspülen.

Fischgeruch

* Geschirr, auf dem Fisch serviert wurden, wäscht man am besten erst kalt und dann warm ab. Es verliert dadurch den intensiven Fischgeruch.

Fleischwolf reinigen

* Fett- und Fleischreste sind nur schwer aus dem Fleischwolf zu entfernen. Wenn Sie zum Schluss eine trockene Brotscheibe oder ein trockenes Brötchen durchdrehen, werden die Fleischreste herausgedrückt. Danach den Fleischwolf wie üblich reinigen.

Fugen reinigen

* Oft sehen Fugen zwischen den Kacheln im Badezimmer grau und schmutzig aus. Geben Sie zum Reinigen entweder Essigessenz oder eine Mischung aus zwei Beutelchen Backpulver und drei Esslöffel Wasser (nimmt auch Schimmel weg) auf eine alte Zahnbürste und bürsten sie die

Fugen damit ab. Mit der Essigessenz können Sie auch Kalkflecken auf Fliesen entfernen.

Gerüche im Kühlschrank

* Unangenehme Gerüche im Kühlschrank können Sie auf verschiedenen Weise verhindern: Wischen Sie den Kühlschrank nach dem Reinigen mit einem in Essig getränkten Tuch nach. Stellen Sie eine mit Bullrichsalz oder Backpulver gefüllte Untertasse in den Kühlschrank. Nach etwa vier Wochen erneuern. Geben Sie ein Stück Vanillestange oder einen halben Apfel in den Kühlschrank. Den Apfel etwa alle acht Tage auswechseln.

Gerüche nach der Renovierung

* Nach dem Renovieren riecht die Wohnung noch tagelang nach Farbe. Stellen Sie ein paar Schüsseln mit Kochsalz auf, denn das bindet den Geruch.

Glasflaschen enghalsige

* siehe Kaffee- und Teekannen reinigen

Gläser lösen

* Wenn sich ineinandergestellte Gläser nicht lösen lassen, stellen Sie das untere in warmes Wasser und gießen Sie in das obere kaltes Wasser. So lassen sich die Gläser ganz leicht trennen.

Gläser mit Gold- und Silberrand

* Goldene und silberne Verzierungen können sich lösen, wenn man die Gläser zu lange im Wasser stehen lässt. Auch zu heißes Wasser schadet dem zarten Dekor.

Gläser, trübe

* Trübe Gläser werden wieder klar, wenn man sie in Salmiakgeist legt. Anschließend gründlich ausspülen.

Glanzspüler für die Geschirrspülmaschine

* Den Glanzspüler können Sie gut durch Essig ersetzen, das Geschirr wird dadurch genauso glänzend.

Glaskeramik-Kochfelder reinigen

∗ Diese sollten regelmäßig – am besten nach jedem Gebrauch – gereinigt werden, damit Schmutz und Fett nicht eindringen. Das kalte oder nur handwarme Kochfeld mit einem normalen Spülmittel behandeln, dann mit viel klarem Wasser nachwischen und mit einem Tuch abtrocknen. Es dürfen keine kratzenden Reinigungsmittel, wie Scheuerpulver, aggressive Reinigungssprays oder Schwämme mit rauer Oberfläche verwendet werden.

Glaspflege

∗ Glas sollte in der Spülmaschine höchstens bei 60 °C und nur im Schongang mit mildesten Spülmitteln gesäubert werden. Gläser, die durch häufiges Spülen in der Maschine blind geworden sind, bekommen Sie kaum wieder klar. Hier hilft Zitronensäurepulver, das anstatt des Spülmittels im Normalprogramm zugegeben wird. Gläser per Hand zu waschen, ist immer noch das beste. Lassen Sie die Gläser danach nicht an der Luft trocknen, sondern wischen Sie sie mit einem fusselfreien Geschirrtuch ab. Bleikristall darf auf keinen Fall in die Spülmaschine, man wäscht es am besten mit handwarmem Wasser. Damit Kristall wieder schön strahlt, reiben Sie es mit einem weichen Lappen und etwas feuchtem Salz ab.

Griffe aus Holz oder Bein

∗ Geklebte oder genietete Besteckgriffe aus Holz, Bein oder gar Elfenbein beim Reinigen nicht ins Wasser tauchen: Die Metallteile nur vorsichtig mit einem feuchten Schwamm säubern.

Gummidichtungen

∗ Die Dichtungen von Gefrierschränken, Kühltruhen und Kühlschränken sollten von Zeit zu Zeit mit etwas Talkumpuder eingerieben werden. Sie bleiben dann elastisch, werden nicht spröde und dichten besser.

Gusseisentöpfe

∗ Glanzlose Gusseisentöpfe werden wieder blank, indem man sie mit Salatöl ausreibt.

Gusseiserne Pfannen

∗ Gusseiserne Pfannen muss man sehr sorgfältig pflegen, sonst setzen sie schnell Rost an. Man spült sie immer mit warmem Wasser und einem Spritzer Spülmittel ab. Danach sofort abtrocknen. Vorsichtshalber können Sie die Pfanne zum Trocknen in den lauwarmen Backofen stellen. Um sie vor Rost zu schützen, fettet man sie anschließend mit etwas Pflanzenöl ein. An einem trockenen Ort aufbewahren.

Haarbürsten reinigen

∗ Wenn Sie Haarbürsten waschen wollen, so reiben Sie vorher polierte Holzgriffe mit Vaseline ein, die Sie später leicht entfernen können. Dadurch werden Holz und Politur geschützt. Die Bürsten selbst waschen Sie am besten mit Haarshampoo, danach gut ausspülen.

Herdplatten, stark verschmutzte

∗ Wenn die Herdplatten stark schmutzig oder verkrustet sind, lässt man sie völlig abkühlen und reibt mit zerknüllter Alufolie darüber – dann sind sie wieder blank. Bei hartnäckigen Verschmutzungen erhitzt man den Herd erneut und bearbeitet die festsitzenden Schmutzstellen mit phosphatfreier Scheuermilch und der rauen Seite eines Küchenschwamms.

Holz, fettiges

∗ Fettige Holzfronten in der Einbauküche mit stark verdünnter Essigessenz und einem Fensterleder abwaschen. Das Fett lässt sich mit einem feuchten Ledertuch und einigen Tropfen Spülmittel entfernen. Mit klarem Wasser nachwischen. Fettflecken und Belag an Holzgriffen können mit Spiritus beseitigt werden.

Holzbrettchen

∗ Holzbrettchen, die sich durch die Hitze verzogen haben, kommen zwischen zwei feuchten Tüchern schnell wieder in Form. Legen Sie über das obere Tuch eine Plastiktüte und darauf ein genügend großes Buch (z. B. Telefonbuch) zum Beschweren. Holzbrettchen, die schon etwas unansehnlich sind, werden wieder wie neu, wenn Sie sie mit Essigwasser behandeln.

Holzlöffel

* Holzlöffel lassen sich, wenn sie fettig geworden sind, nur schwer reinigen, weil sich Fettspuren in allen Rillen festsetzen. Überspült man sie vor der Benutzung mit kaltem Wasser, haftet das Fett nicht an. Stark verschmutzte Holzlöffel werden wieder sauber, wenn man sie ein paar Tage in Sodawasser legt.

Kacheln

* Kacheln und Fliesen werden schnell sauber, wenn Sie sie mit einer Mischung aus Schlämmkreide und etwas Wasser abreiben. Hartnäckige Flecken können Sie mit Essig entfernen. Reiben Sie die Kacheln nach dem Reinigen mit Autowachs ein und lassen ihn einige Minuten einwirken. Bevor er ganz trocken ist, polieren Sie die Kacheln mit einem weichen Tuch. Die Kacheln werden nicht nur glänzend, sondern die Wassertropfen lassen sich danach auch viel leichter entfernen.

* Fettige Kacheln hinter dem Herd reinigen Sie mit einer Mischung aus Essig und Schlämmkreide. Mit heißem Wasser nachwischen. Matte Kacheln glänzen wieder, wenn Sie sie mit einer Salmiaklösung abreiben. Unschöne Reste von Aufklebern auf Fliesen oder lackierten Oberflächen lassen sich ganz einfach mit Margarine entfernen. Weiße Schrankböden können Sie mit Bügelstärke besprühen, dann hinterlassen Töpfe keine Striemen.

Kaffee- und Teekannen reinigen

* Schmutzige Ränder in Kaffee- und Teekannen lassen sich leicht durch Schnellreiniger für dritte Zähne lösen. Lauwarmes Wasser einfüllen, und eine Tablette darin auflösen – einige Minuten wirken lassen. Des weiteren lassen sich Ihre Kannen mit einem Zitronenviertel reinigen. Einfach in die Kanne geben, heißes Wasser drauf und über Nacht stehen lassen. Anschließend dann ausspülen. Sie können Ihre Kannen auch mit Natron reinigen. Dazu geben Sie etwas Natron in die Kanne, füllen sie mit heißem Wasser auf und lassen es einige Stunden einwirken. Danach mit einem Tuch oder einer Bürste auswischen und kalt nachspülen.

Kaffeemaschinen entkalken

* Füllen Sie die Kaffeemaschine ganz mit Wasser und geben Sie ein bis zwei Teelöffel Zitronensäure dazu. Diese Mischung lassen Sie durch die Maschine laufen und spülen zweimal mit klarem Wasser nach.

Kämme säubern

* Kämme und auch Bürsten werden sauber, wenn Sie sie mit Rasierschaum (aber nur mit FCKW-freien Produkten!) einsprühen. Den Schaum einige Zeit einwirken lassen und dann mit klarem Wasser ausspülen.

Kesselstein

* Kesselstein in Metallkesseln können Sie so entfernen: Füllen Sie den Boden des Kessels etwa 5 cm hoch mit Essig und lassen Sie ihn über Nacht einwirken. Am nächsten Morgen den Essig aufkochen, dabei unbedingt lüften, weil Dämpfe entstehen. Danach mit klarem Wasser gründlich ausspülen.

Korken

* Kochen Sie Korken in Salzwasser, danach sind sie wieder frisch und schließen gut.

Korkenzieher

* Sollten Sie Ihren Korkenzieher einmal verlegt haben, lassen Sie heißes Wasser über den Flaschenhals laufen. Die so erwärmte Luft drückt den Korken heraus. Oder legen Sie ein feuchtes Handtuch um den Flaschenhals und reiben Sie ihn damit warm. Der Korken lässt sich jetzt ganz leicht aus der Flasche ziehen.

Kräuterschildchen aus Eisstielen

* Alte Eisstiele können Sie prima mit wasserfesten Filzstift beschriften und in Ihre Kräutertöpfchen stecken.

Kristallgläser

* Mit Essig im Spülwasser werden Kristallgläser schön blank. Denselben Effekt erreicht man, wenn man dem warmen Spülwasser einen kräftigen Schuss Ammoniak zugibt.

Kühl- und Gefrierschränke abtauen

* Kühltruhe oder Eisfach tauen schneller ab, wenn man die Eiskruste mit Salz bestreut. Danach einen Lappen mit Essig tränken und die Flächen abwischen.

Kühl- und Gefrierschränke reinigen

* Nach dem Abtauen wischen Sie das Gerät mit mildem Seifenwasser aus, dem Sie einen Löffel Soda zugegeben haben. Danach mit klarem Wasser, vermischt mit einem Schuss Essig, nachwischen und den Schrank geöffnet austrocknen lassen.

Kratzer in Acrylwannen

* Kratzer in Acrylwannen werden „unsichtbar" wenn man sie mit etwas Silberpolitur füllt und dann gut nachpoliert.

Kunststoffbadewannen

* Farbige Badewannen aus Kunststoff sind besonders empfindlich und bekommen bei unsachgemäßer Reinigung schnell Kratzer. Man kann solche hässlichen Schrammen jedoch vermeiden, wenn man die Wanne mit einem feuchten Tuch und Bullrichl-Salz reinigt. Niemals Scheuermilch verwenden oder mit der harten Seite des Putzschwammes reiben, da so die Badewanne verkratzt wird.

Messerschneiden, fleckige

* Hartnäckige Flecken auf Messerschneiden können Sie entfernen, wenn Sie etwas Salz auf die Schneide streuen und mit einem nassen Korken abreiben. Danach mit warmem Wasser nachspülen und gut abtrocknen.

Mikrowelle reinigen

* Die Mikrowelle säubert man am besten, indem man eine mit Wasser und Zitronenhälften gefüllte Schale hineinstellt und die Mikrowelle auf höchster Stufe 5 Minuten laufen lässt. Der Schmutz löst sich dann und lässt sich ganz leicht mit einem Tuch entfernen. Außerdem duftet die Mikrowelle dann angenehm frisch.

Nikotinflecken auf Porzellan

* Nikotinflecken von ausgedrückten Zigaretten auf Ihrem Porzellan lassen sich ohne Mühe mit einem nassen Korken, der in Salz getaucht wird, entfernen.

Ölflaschen sauber halten

* Ölflaschen hinterlassen durch heruntergetropftes Öl auf den Schrankböden hässliche Ränder, die nur schwer zu entfernen sind. Um das zu vermeiden, befestigen Sie einen Tropfenfänger aus Papier oder aus Schaumstoff am Flaschenhals.

Pfannen, beschichtete reinigen

* Beschichtete Pfannen werden nur kurz lauwarm gespült. Zur Pflege reibt man sie dünn mit etwas neutralem Speiseöl aus.

Pilze im Badezimmer

* Durch das feuchtwarme Klima im Badezimmer können leicht Pilze entstehen, die Fugen zwischen den Kacheln verfärben sich schwarz. Vorbeugend sollten Sie das Badezimmer immer gründlich lüften. Sind Pilze schon vorhanden, tupfen Sie etwas Salmiakgeist auf ein Tuch und wischen damit die Fugen sauber.

Salzstreuer

* Damit das Salz im Salzstreuer nicht feucht wird, gibt man ein paar Reiskörner mit in das Gefäß.

Schädlinge in der Küche

* Nachdem Sie Küchenschränke und Regale gründlich gereinigt haben, legen Sie Lorbeerblätter auf die Schrank- und Regalböden. Die Blätter sollten etwa alle sechs Monate erneuert werden.

Schimmel im Brotkasten

* Um Schimmel im Brotkasten zu vermeiden, wischt man ihn nach dem Reinigen mit Essigwasser aus. Danach von der Luft gut trocknen lassen.

Schwämme reinigen

* Schwämme, die fett und unansehnlich geworden, sind, werden wieder wie neu, wenn Sie sie in einem Liter Wasser, vermischt mit dem Saft einer Zitrone, kräftig durchdrücken, dann in lauwarmem Wasser gründlich spülen und an der Luft trocknen lassen.

Spiegel

* Spiegel werden wieder blank, wenn Sie sie mit einem mit Spiritus getränkten Tuch abreiben. Danach mit Zeitungspapier nachpolieren. Trübe Stellen können Sie wieder aufhellen, wenn Sie sie mit etwas Öl bestreichen, das Öl einwirken lassen und dann mit Seidenpapier nachreiben.

Spülmittel

* Um nicht zu viel Spülmittel beim Abwasch zu verbrauchen, können Sie es strecken. Heben Sie ihre leere Spülmittelflasche auf, und gießen Sie die Hälfte der neuen Flasche hinein. Nun füllen Sie beide Flaschen so weit mit Essig auf, dass Sie den Inhalt durch Schütteln gut vermischen können. Sie werden sehen, diese Mischung spült genauso sauber wie pures Spülmittel.

Spülschwamm und Tuch

* Spülschwamm und Schwammtuch sollte man häufig wechseln oder waschen, denn sie sind Keimträger.

Steingutgeschirr

* Neues Geschirr aus Steingut können Sie vor dem Springen schützen, wenn man es vor dem ersten Gebrauch in einen großen Topf mit Wasser stellt, das Wasser zum Kochen bringt und es langsam abkühlen lässt. Steinguttöpfe und Tontöpfe nehmen vom langen Stehen einen dumpfen Geruch an. Man reinigt diese Töpfe mit heißem, mit Wasser verdünntem Essig.

Tauchsieder entkalken

* Stellen Sie den Tauchsieder über Nacht in kaltes Essigwasser (Mischung 1:1).

Teflonpfannen

∗ Um Flecken auf der Teflonbeschichtung zu entfernen, kochen Sie in der Pfanne eine Tasse Wasser mit zwei Esslöffeln Backpulver auf. Etwa 15 Minuten leicht kochen lassen und dann die Pfanne sehr gut ausspülen und abtrocknen. Sie können Sie hinterher noch mit etwas Speiseöl einfetten.

Thermoskannen

∗ Eine Thermoskanne wird sauber, wenn Sie mit heißem Wasser gefüllt wird, in das man eine Tüte Backpulver oder zwei Teelöffel Kaisernatron gibt. Drei Stunden einwirken lassen, dann die Kanne gut mit klarem Wasser ausspülen. Statt Backpulver oder Natron kann auch eine Reinigungstablette für dritte Zähne verwendet werden.

∗ Thermosflaschen können beim Einfüllen von heißen Flüssigkeiten platzen. Das können Sie verhindern, wenn Sie stufenweise wärmer werdendes Wasser einfüllen oder die Kanne für eine Minute über heißen Dampf halten. Schützen Sie dabei Ihre Hände vor Verbrennungen.

Töpfen, angebranntes in

∗ Verklebte oder angebrannte Töpfe weicht man über Nacht ein, und zwar in kaltem Wasser, dem etwas Salz oder Waschmittel zugesetzt wurde. Man kann auch eine Mischung aus Essig und Salz im Topf aufkochen. Nach dem Abkühlen die Schmutzschicht auswischen und klar nachspülen.

Toilettenablagerungen

∗ Geben sie eine Lösung aus Wasser und Essigsäure im Verhältnis 10:1 in die Toilettenschüssel und lassen sie am besten über Nacht einwirken. Danach lassen sich die Kalkablagerungen leicht entfernen.

∗ Spülen Sie einmal, damit die Toilettenschüssel ringsum nass ist, und tragen Sie auf die betroffenen Stellen eine Mischung aus Borax und Zitronensaft auf. Einige Stunden einwirken lassen, danach gut ausbürsten.

Tonschalen

∗ Tonschalen zerkratzen mit ihrer rauen Unterseite leicht polierte Tischplatten. Kleben Sie eine Filzunterlage in der Größe der Aufstellfläche unter die Schalen.

Tubenverschlüsse, verklemmte

* Verklemmte Tubenverschlüsse lassen sich ohne Schwierigkeiten öffnen, wenn man sie kurze Zeit in heißes Wasser hält.

Waschmaschine reinigen

* Dazu lassen Sie das ganze Vollwaschprogramm (ohne Vorwäsche) bei 40° C durchlaufen. Zum ersten Wasser, das einläuft, geben sie vier Liter Essig.

Wasserhahn, tropfender

* Ihr Wasserhahn tropft und nervt Sie, und ein Handwerker ist im Augenblick auch nicht zu bekommen. Binden Sie einen recht dicken Wollfaden an den Wasserhahn. So kann das Wasser völlig geräuschlos am Faden herunterlaufen, bis Hilfe kommt.

Wasserränder

* Wasserränder in Kristallvasen oder Gläsern verschwinden, wenn man kleingeschnittene Kartoffelschalen einfüllt, die mit wenig Wasser übergossen werden. Danach kräftig schütteln und in hartnäckigen Fällen wiederholen.

WC-Spülkasten

* Hat Ihre Toilette keine Spartaste, dann legen Sie einen Backstein in den Spülkasten. So sparen Sie bei jedem Spülen ca. 2 l Wasser.

Zahnputzglas

* Um den weißen Belag im Zahnputzglas zu entfernen, geben Sie einen Esslöffel Salz in das Glas und füllen es mit heißem Wasser auf. Eventuell umrühren, damit sich das Salz ganz auflöst. Die Lösung einige Zeit einwirken lassen, danach ausspülen und mit einem weichen Lappen auswischen. Eine andere Möglichkeit: Sie geben Essig in das Glas, lassen ihn etwas einwirken und wischen dann das Glas mit einem feuchten Lappen aus. Danach gut ausspülen.

Die besten Tipps für den

Hausputz

Alabaster

∗ Alabaster wird am besten mit warmen Sodawasser abgewaschen. Nach dem Trocknen mit einem weichen Lederlappen abreiben.

Aschenbecher

∗ Aschenbecher, die auch nach dem Reinigen noch nach kaltem Rauch riechen, waschen Sie am besten mit Essigwasser (Mischung 1:1) aus. Aschenbecher aus Metall reibt man innen mit etwas Möbelpolitur ein. Die Asche klebt dann nicht mehr fest, und die Reinigung ist dann viel einfacher.

Bast – Lampen, Eimer

∗ Stellen Sie die Gegenstände in die Badewanne, geben Sie einige Spritzer Geschirrspülmittel darauf und brausen Sie kräftig handwarm nach. Auch wenn es so scheint, dass die Gegenstände ihre Form für immer verloren haben, nehmen sie beim Trocknen im Schatten ihre alte Form wieder an.

Besen

∗ Neue Besen kehren gut, wenn Sie sie vor dem ersten Gebrauch für kurze Zeit in Salzwasser stellen. Bewahren Sie Besen immer hängend auf, damit sich die Borsten nicht umlegen. Passiert es aber trotzdem, so halten Sie den Besen für einige Zeit über kochendes Wasser, dann richten sich die Borsten wieder auf. Waschen können Sie Ihren Besen in Seifenlauge, wenn er hinterher gut ausgespült und zum Trocknen an die frische Luft gehängt wird.

Bettfedern

∗ Quietschende Bettfedern können erheblich den Schlaf stören. Mit Möbelpolitur eingerieben, schweigen die Störenfriede.

Bienenwachs für Weichholzmöbel

∗ Bienenwachs eignet sich hervorragend für das Pflegen von Weichholzmöbeln. Man sollte sie vor Wasserspritzern schützen, denn sonst entstehen weiße Flecken. Aber gerade bei Tischplatten lässt sich das nicht immer vermeiden. Sie können diese Flecken leicht mit einem Fön beseitigen. Die Heißluft lässt das Wachs wieder flüssig werden, und die Oberfläche bekommt wieder einen gleichmäßigen Farbton. Die Wasserränder sind weg.

Bilder – an feuchten Wänden

* Um Schimmel und Stockflecken zu verhindern, auf die Rückseite kleine Korkplättchen kleben. Die Luftzirkulation verhindert die Schimmelbildung.

Blasen im Furnier

* Durch Feuchtigkeit oder starke Hitze kann sich Furnier lösen und Blasen werfen. Die Blase mit einer Rasierklinge in Faserrichtung öffnen und vorsichtig etwas Leim einführen. Fest zudrücken. Nach dem Trocknen mit feinem Sandpapier Leimreste an der Schnittfläche abschleifen.

Bohnerlappen

* Lappen, die man zum Bohnern von Parkett- und Linoleumfußböden benutzt, werden nach kurzer Zeit knochenhart. Wenn Sie die Lappen in einer festverschließbaren großen Büchse aufbewahren, bleiben sie weich.

Brandlöcher in Holz

* Brandstellen in Holz kann man leicht mit eincm Siegellackstift ausbessern. Die Stifte erhält man in Bastel- und Schreibwarengeschäften. Mit einem Küchenmesser die verkohlte Holzschicht abnehmen, eine Messerspitze erhitzen und daran etwas Siegellack schmelzen. Diesen in das Loch füllen und mit dem Messer glatt streichen.

Bücher

* Bücher, die an den Schnittflächen schmutzig sind, können Sie mit einem in Spiritus getauchten Lappen reinigen. Wenn Sie versehentlich Wasser über ein Buch gekippt haben, können Sie es kurz ins Gefrierfach legen. Dadurch wird die Feuchtigkeit entzogen, die Seiten kleben nicht zusammen.

Bücher – Eselsohren

* Die unschönen Eselsohren in Büchern und Heften bekommt man wieder heraus, wenn man ein angefeuchtetes Löschblatt auf diese Stellen legt und sie mit einem nicht zu heißen Bügeleisen so lange beschwert, bis das Löschblatt trocken ist.

Bücherstützen

* Praktische Bücherstützen erhalten Sie, wenn Sie Ziegelsteine mit dickem Stoff überziehen, der farblich zur Einrichtung passt.

Chemie im Haushalt

* Viele Putzmittel, die Chemikalien enthalten, können durch umweltfreundliche Produkte problemlos ersetzt werden: Essig und Zitronensäure – zum Entkalken, Klarspülen, zum Reinigen für Küche, Bad und WC. Entfernt Seifenreste und auch hartnäckige Fettverschmutzungen.
* Schlämmkreide – zum Reinigen und Polieren.
* Schmierseife – zum Putzen von naturbelassenen Fliesen wie z. B. unversiegelten Terracotta-Fliesen. Der Kalkseifenfilm gibt den Platten eine matten Glanz und schützt sie.
* Soda – zum Putzen und Abwaschen, zum Reinigen, gegen Gerüche.
* Seifenflocken und einfache Scheuermittel ohne Bleich- und Desinfektionsmittel – zum Putzen von Badewanne, Waschbecken, WC, Fliesen, Böden, für Wäsche im Handwaschbecken. Bei hartem Wasser muss mit klarem Wasser nachgewischt werden.

Chrom

* Chrom ist keineswegs immun gegen Feuchtigkeit. Es kann unansehnlich werden und sogar Rost ansetzen. Reiben Sie verchromte Gegenstände von Zeit zu Zeit mit Vaseline ein, waschen dann mit warmem Wasser nach und polieren sie trocken. Verchromte Teile lassen sich mit einem Lappen, der mit etwas Mehl bestreut ist, blank polieren.

Druckstellen auf dem Teppich

* Druckstellen von schweren Möbeln können im wahrsten Sinne des Wortes „ausgebügelt" werden. Legen Sie ein feuchtes Tuch über die betref-

fenden Stellen und führen Sie ein Dampfbügeleisen ganz leicht darüber, dabei sollte reichlich Dampf entweichen. Danach das Tuch entfernen und die Teppichfasern anschließend ganz behutsam wieder aufbürsten.

Eichenmöbel

* Eichenmöbel kann man mit lauwarmem Bier abwaschen, dann werden sie sauber, und das Holz leidet nicht darunter.

Fenster putzen

* Ein gutes und günstiges Fensterputzmittel kann man sich folgendermaßen herstellen: In einen Liter Wasser einen Schuss Spülmittel, einen Schuss Essig und einen Schuss Spiritus geben. Umrühren, einfach in eine saubere Sprühflasche füllen – fertig.
* Fenster werden blitzblank, wenn Sie sie mit Brennspiritus putzen. Dazu geben Sie in einen Eimer Wasser etwa fünf Esslöffel Brennspiritus. Weichen Sie das Fensterleder darin ein, und wischen Sie damit die Scheiben ab. Hinterher mit Zeitungspapier blank reiben. Putzen Sie dabei die eine Seite von oben nach unten, und die andere Seite von rechts nach links. So können Sie schnell erkennen, auf welcher Seite noch Streifen sind.
* Fensterbänke und –rahmen wischen Sie mit einer milden Seifenlauge und danach mit klarem Wasser ab.

Fensterleder

* Fensterleder wird nicht hart, wenn man es nach Gebrauch in leichtem Salzwasser auswäscht und an der Luft trocknen lässt.

Fensterscheiben, blinde

* Blindgewordene Fensterscheiben werden wieder klar, wenn Sie sie mit Öl bestreichen, das Öl etwa eine Stunde einwirken lassen und dann mit weichem Papier entfernen. Danach die Scheiben wie gewohnt putzen.

Fernsehbildschirm

* Den Bildschirm reinigt man am besten mit einem spiritusgetränkten Tuch.

Fleischwolf reinigen

* Fett- und Fleischreste sind nur schwer aus dem Fleischwolf zu entfernen. Wenn Sie zum Schluss eine trockene Brotscheibe oder Brötchen durchdrehen, werden die Fleischreste herausgedrückt. Danach können Sie den Fleischwolf wie üblich spülen.

Fotos

* Fotos, die Flecken haben oder verschmutzt sind, können Sie mit Spiritus reinigen. Befeuchten Sie einen Wattebausch mit etwas Spiritus, und reiben Sie die Bilder vorsichtig damit ab.

Gardinen aufhellen

* Geben Sie Ihre Gardinen nach dem Waschen für zwei Stunden – am besten in der Badewanne – in handwarmes Wasser, in dem Sie zuvor einige Tütchen Backpulver aufgelöst haben.

Gardinen waschen

* Geben Sie die Gardinen zum Waschen in ein Kopfkissen, das Sie zuknöpfen können. So können Sie die Röllchen an den Gardinen lassen und wenn eins abgeht, finden Sie es im Kopfkissen wieder. Bei grobmaschigen Gardinen geben Sie die Rollen am besten in einen hellen Strumpf, so können sich die Rollen beim Waschen nicht in den Maschen verhaken.

Gasflammen

* Gasflammen müssen blau sein und einen leicht grünen Kern haben. Ist das nicht der Fall, dann ist Ihr Gasherd nicht mehr in Ordnung und muss repariert werden.

Glassplitter

* Mit einem feuchten Wattebausch ist es kein Problem, die feinen gefährlichen Glassplitter zu entfernen, die entstehen, wenn einmal ein Glas zu Bruch geht.

Glastische

* Glastische werden mit Wasser, dem Sie einen Schuss Spiritus beigegeben haben, wieder sauber und glänzend. Kleine Kratzer können Sie mit Zahnpasta wegpolieren.

Goldrahmen

* Goldrahmen erscheinen oft blind. Hier wirkt eine angeschnittene Zwiebel, mit der Sie die Rahmen abreiben, Wunder. Nur müssen Sie die Zwiebel, sobald sie schmutzig ist, erneuern. Auch Buttermilch eignet sich zum Säubern und Auffrischen. Nachher wird mit einem weichen Tuch nachpoliert.

Grillbesteck, verschmutztes

* Verschmutztes Grillbesteck und verschmutzte Grillgeräte legen sie am besten in eine Plastikwanne und geben heißes Wasser und Geschirrspülmittel dazu. Gut einwirken lassen und danach normal spülen.

Grünspan

* Grünspan können sie mit unverdünntem Essig entfernen. Danach gründlich mit Wasser abspülen. Kupfer ansonsten nicht mit Essig reinigen, da hierdurch erneut Grünspan entsteht.

Hausmüll

* Bei der Beseitigung des Hausmülls können Sie einiges für die Umwelt tun. Werfen Sie nicht alles in die Mülltonne, sondern sortieren Sie.
* Glas: Überall finden Sie heutzutage Glascontainer für Flaschen und Gläser (keine Fenstergläser). Stellen Sie im Keller oder an einem anderen geeigneten Platz einen Korb oder Karton auf, in dem Sie Altglas sammeln können. Metallteile wie Deckel und Schraubverschlüsse vorher entfernen. Bei Getränken sollten Sie allerdings Mehrweg-Verpackungen bevorzugen.
* Papier, Pappe: Sie bilden einen relativ hohen Anteil an Müll, es lohnt sich also, beides gesondert vom übrigen Hausmüll zu sammeln und zu einem der Container zu bringen, die überall aufgestellt sind. Hierfür eignen sich ein Wäschekorb oder ein großer Karton.

* Küchen- und Gartenabfälle: Wer einen Garten besitzt, sollte sich auf jeden Fall einen Komposthaufen anlegen. Zu diesem Zweck können Sie fertige, platzsparende Kompostsilos im Fachhandel kaufen. Sie können den Komposthaufen aber auch auf herkömmliche Art als Miete aufsetzen. Zur Kompostierung eignen sich: Gemüsereste, Eier- und Obstschalen (keine Apfelsinen-, Pampelmusen- und Zitronenschalen), Kaffeefilter, Teeblätter, Papier und Pappe, soweit sie nicht bedruckt sind und alle gesunden Gartenabfälle (Pflanzenteile mit Pilzerkrankungen nicht auf den Kompost werfen). Je vielseitiger die Mischung ist, desto besser der Kompost.

* Alte Textilien: Für Altkleider und Textilien werden oft Sondersammlungen von karitativen Einrichtungen durchgeführt.

* Sperrmüll: In vielen Städten und Gemeinden gibt es Sperrmülltage, ansonsten können Sie ihren Sperrmüll bei einem Wertstoffhof entsorgen.

* Kühl- und Gefrierschränke dürfen nicht mehr zum Sperrmüll gestellt werden, sie gehören zum Sonderabfall und werden in vielen Orten gesondert abgeholt.

* Sonderabfall: Für Sonderabfall gibt es besondere Sammelstellen, die Sie bei der Stadt- oder Gemeindeverwaltung erfragen können. Zum Sonderabfall gehören: Batterien, Chemikalien/Säuren aus dem Hobbybereich, chemische Schädlings-, Unkraut- und Pilzbekämpfungsmittel, Reinigungs- und Desinfektionsmittel, Farben, Lacke, Lösungsmittelreste, Klebstoffe, Rostschutzmittel, alte Medikamente (sie können auch bei den meisten Apotheken abgegeben werden), Neonröhren, Altöl Autopflegemittel, Fleckputzmittel, Silberbesteckreiniger, Metallputzmittel.

Holz, stumpfes
* Reiben Sie das Holz mit einer Lösung aus gleichen Teilen Rotwein und Salatöl ein. Es erhält dadurch seinen Glanz zurück.

Holzmöbel pflegen
* Gewachste und mattierte Möbel können Sie mit einem feuchten Lappen abwischen und sofort trocken nachwischen. Danach mit einer Politur aus Bienenwachs und Sojaöl (5 g Bienenwachs auf 5 Esslöffel Sojaöl) bearbeiten und nachpolieren.

* Schleiflackmöbel reiben Sie mit lauwarmem Kernseifenwasser in eine Richtung ein und polieren mit einem Wildlederlappen nach. Besonders schön werden Schleiflackmöbel, wenn sie mit einer Mischung aus Schlämmkreide und wenig Wasser gereinigt werden. Mit klarem, lauwarmem Wasser nachwischen.
* Eichenholzmöbel können mit Bier abgerieben werden, sofort mit einem trockenen Lappen gründlich nachwischen.

Jalousiengurte
* Wenn man einmal im Jahr die Gurte der Jalousien mit einer weißen Kerze abreibt, werden sie gleitfähiger und weisen den Staub ab.

Kamin, offener
* Bevor Sie die Asche aus dem Kamin entfernen, besprühen Sie sie am besten ganz leicht mit etwas Wasser. So wirbelt nicht mehr so viel Asche auf.

Kehrspäne
* Mit Kehrspänen können Sie Garagen, Keller und Dachböden ausfegen, ohne dass es staubt.

Kerzen
* Kerzen brennen länger und tropfen nicht, wenn man sie vor Gebrauch für einige Stunden in den Gefrierschrank oder in das Gefrierfach des Kühlschranks legt.

Kerzenwachs entfernen
* Halten Sie den Leuchter unter heißes Wasser. Das Wachs wird weich, und Sie können es mit einem Papiertuch abreiben. Lassen Sie niemals flüssiges Wachs in den Ausguss kommen. Es wird sofort hart und verstopft das Abflussrohr. Sie können den Kerzenhalter auch ins Gefrierfach legen, danach lässt sich das Wachs leicht abbröckeln. Oft lassen sich Kerzenreste aus Leuchtern nur schwer entfernen. Mit einem ganz normalen Korkenzieher kann man den Kerzenrest leicht herausdrehen.

Klaviertasten

* Gelb gewordene Klaviertasten wischt man mit einem Wattebausch ab, den man in verdünnten Spiritus (Mischung 1:1) getaucht hat.

Kokosläufer und -teppiche

* Kokosläufer werden am besten mit warmem Sodawasser gereinigt. An einem luftigen Ort so trocknen lassen, dass von oben und unten Luft an den Teppich kommt.

Korbmöbel

* Korbmöbel reinigen Sie am besten mit warmem Salzwasser, danach trocken reinigen und mit Zitronenöl bestreichen. Korbmöbel aus Peddigrohr werden durch Abwaschen und Bürsten mit Seife und Soda vom Schmutz befreit

Kupfer

* Kupfer wird wieder blank, wenn man es in heißer Sauerkrautbrühe reinigt, kalt nachspült und mit einem weichen Lederlappen poliert oder sie mit in Salz getauchten Zitronenhälften abreibt. Auf keinen Fall sollte man sandhaltige Reinigungsmittel nehmen, da sie die Oberfläche zerkratzen.

Kunststoffböden reinigen

* Kunststoffböden sehen wie frisch gebohnert aus, wenn man etwas Weichspüler ins Wasser gibt.

Lampenschirme aus Pergament

* Alte Lampenschirme aus Pergament werden wieder wie neu, wenn man sie mit farblosem Lack überpinselt.

Lampenschirme aus Seide

* Seidenlampenschirme reinigt man mit einer in Benzin getauchten weichen Bürste, mit der man strichweise über den Lampenschirm fährt. Am besten führt man diese Arbeit im Freien aus.

Ledermöbel pflegen

* Glatte Leder vertragen Wasser und können regelmäßig mit einem feuchten Tuch abgewischt werden. Hartes Wasser sollten Sie vorher abkochen, damit keine Kalkflecken auf dem Leder zurückbleiben. Stark verschmutztes Leder kann mit einer Lauge aus Neutralseife oder mit Feinwaschmittel abgerieben und mit klarem Wasser nachbehandelt werden.
* Raue Leder vertragen kein Wasser, sie werden nur regelmäßig abgesaugt. Schmutz, Flecken und glattgeriebene Stellen können Sie mit einer Raulederbürste oder einem Radiergummi abputzen, aufrauen und anschließend absaugen.

Leim auf Möbeln

* Leimreste auf Möbeln können Sie mit einer fetthaltigen Creme, Margarine oder Speiseöl abreiben.

Lichtschalter

* Lichtschalter, die sich warm anfühlen, sind nicht ganz in Ordnung. Ein Teil des Stroms wird beim Einschalten in Wärme umgewandelt. Sie sollten den Schalter reparieren lassen.

Luftbefeuchter

* Wenn im Winter die Raumluft durch die Heizung zu trocken wird, stellen Sie mit Wasser gefüllte Gefäße aus unglasiertem Ton auf die Heizung oder in die Nähe. Sie sind porös und geben die Feuchtigkeit besser ab als glasierte Gefäße oder Plastikgefäße. Damit diese nicht verkalken, füllen Sie sie mit abgekochtem Wasser. Auch Grünpflanzen tragen zu einem gesunden Raumklima bei.

Lüften

* Lüften Sie Ihre Wohnung im Winter lieber häufiger kurz und kräftig, als ständig das Fenster gekippt zu haben. Das ist besser für Ihre Gesundheit und kostengünstiger. Frische Luft erwärmt sich übrigens schneller als abgestandene.

Mahagonimöbel

* Mahagonimöbel gehören zu den edelsten Hölzern und sind über Jahre extrem witterungsbeständig. Sie brauchen für die Reinigung nur ein feuchtes Tuch.

Marmor reinigen

* Streuen Sie auf eine frisch aufgeschnittene Zitrone etwas Salz und reiben Sie damit leicht über die Flecken. Danach mit einem leichten Seifenmittel und viel Wasser gründlich nachwischen. Um Flecken von vornherein zu vermeiden, sollten Sie die Marmorplatten mit einem Spezialwachs gründlich einreiben.

Messing

* Mischen Sie Essig, Salz und Mehl zu gleichen Teilen, so wird Messing wieder sauber.

Milchglas

* Mit Essig können Sie Milchglas toll saubermachen, danach mit einem weichen Tuch nachpolieren.

Möbelkratzer

* Leichte Kratzer beseitigen Sie mühelos mit Nüssen: Das Holz mehrmals mit einer halbierten Haselnuss abreiben und anschließend nachpolieren.

Naturschwämme

* Naturschwämme werden nach längerem Gebrauch hart und bekommen einen unangenehmen Geruch. Legen Sie die Schwämme einen Tag in Salzwasser, und spülen Sie sie danach mehrmals mit kaltem Wasser aus. Die Schwämme sind dann wieder weich und wie neu.

Nickel

* Reinigen Sie Nickel in einer Seifenlauge und polieren Sie es mit einer Mischung aus Schlämmkreide und einigen Tropfen Spiritus. Rost können Sie entfernen, wenn Sie die Flecken mit Öl einreiben, einige Tage wirken lassen und dann mit einem Tuch abwischen.

Nippsachen reinigen

∗ Um nicht jedes Stück einzeln reinigen zu müssen, legt man sie in lauwarmes Wasser, in das etwas Geschirrspülmittel kommt. Die Nippsachen mit einem Fön trocknen. Nur besonders feine und wertvolle Stücke einzeln reinigen.

Ölgemälde

∗ Ölgemälde, die dunkel und verschmutzt sind, werden wieder frisch und farbklar, wenn Sie sie mit einer rohen Kartoffel vorsichtig abreiben. Eine neue Kartoffel nehmen, wenn die alte schmutzig ist. Danach ein weiches Tuch in Öl tränken, damit über die ganze Fläche streichen. Zum Schluss mit einem trockenen Tuch, das nicht fasert, nachwischen.

Orangen als Duftspender

∗ Orangen, die Sie mit Nelken spicken, zaubern einen wunderbaren Duft in Ihre Räume.

Pappkartons

∗ Pappkartons können Sie leichter zusammenlegen, wenn Sie vorher die Kanten anfeuchten, denn dann lassen sie sich leichter biegen.

Polstermöbel

∗ Polstermöbel müssen von Zeit zu Zeit geklopft werden. Decken Sie die Möbel vorher mit in Essigwasser angefeuchteten Tüchern zu. Dadurch wird erstens das Auffliegen und Neuansetzen von Staub verhindert, und zweitens bekommen die Bezüge wieder ihr frisches Aussehen. Polstermöbel werden weitaus unempfindlicher, wenn man sie von Zeit zu Zeit mit Essigwasser abbürstet.

Rauchgeruch

∗ Kalter Rauch riecht nicht gut und hält sich lange in der Wohnung. Haben Sie eine Party mit vielen Rauchern gefeiert, so lüften Sie die Wohnung gründlich und stellen über Nacht eine flache Schüssel mit Essigwasser in das Zimmer. Hat sich der Rauch in Polstermöbeln und Teppichen festgesetzt, so bürsten Sie diese mit Essigwasser ab.

Rollladengurte

* Rollladengurte bleiben geschmeidig und halten länger, wenn Sie sie ab und zu mit farblosem Kerzenwachs einreiben.

Rosshaarmatratzen

* Rosshaarmatratzen oder Rosshaarkissen sollen nicht geklopft werden, da durch diese raue Behandlung das Rosshaar zerstört wird. Sie werden gebürstet und abgesaugt.

Schuhputzkasten

* In den Schuhputzkasten gehören: eine Schmutzbürste für robuste Lederarten, ein kleines Messer zum Abkratzen von hartnäckigem Dreck, drei beschriftete Glanzbürsten (farblos, braun, schwarz), drei Auftragbürsten oder Lappen, weiche Tücher zum Polieren, Pflegemittel in den erforderlichen Farbnuancen, alte Zahnbürsten zum Säubern für kleinste Ritzen.

Silber(-schmuck) putzen

* Silber können Sie auf verschiedene Weise umweltfreundlich putzen: Wenn Sie einmal rohe Kartoffelklöße gekocht haben, legen sie das Silber hinterher in die Kloßbrühe und lassen es einige Zeit darin ziehen. Danach mit heißem Wasser abspülen und gut abtrocknen.

* Legen Sie Ihr Silber in einen Topf, den Sie mit Alufolie ausgelegt haben und geben einen Löffel Salz hinein. Kochen Sie nun das Silber in reichlich Wasser etwa 30 Minuten. Danach das Silber mit klarem Wasser abspülen und gut trocknen. Auch in saurer Milch bekommen Sie Ihr Silber sauber, wenn Sie es darin etwa 30 Minuten ziehen lassen. Danach ebenfalls heiß nachspülen und gut abtrocknen.

* Geputztes Silberbesteck und geputzter Silberschmuck kann man vor dem Anlaufen schützen, wenn man das Silber in Alufolie einpackt oder ein Stück Kreide in die Schublade legt, in der das Silber aufbewahrt wird. Die Kreide bindet die Feuchtigkeit, so dass sie nicht aufs Silber niederschlagen kann.

Staubsauger

* Kleinigkeiten wie Ringe, die unter den Schrank oder in eine schwer erreichbare Ritze fallen, bekommt man leicht wieder, wenn man über die Düse des Staubsaugers einen Nylonstrumpf spannt. Beim Ansaugen bleiben sie im Strumpf hängen.

Staubtücher

* Staubtücher nehmen den Staub besser auf, wenn man sie in Wasser mit einem Schuss Glyzerin über Nacht einweicht und trocknen lässt.

Staubwedel

* Staubwedel werden beim Staubputzen nicht schmutzig, wenn Sie vorher eine ausgediente Strumpfhose darüber ziehen, die Sie nach dem Putzen wegwerfen können.

Strohteppiche

* Damit Strohteppiche nicht brüchig werden, sollte man sie ab und zu mit Wasser besprühen.

Teppiche

* Hat Ihr Teppich ein Brandloch bekommen, gehen Sie wie folgt vor: Die verbrannten Fasern mit einer Rasierklinge abschneiden. Dann mit einer harten Bürste Fasern aus dem Teppich ziehen. Etwas Alleskleber ins Brandloch geben und die Fasern hinein drücken. Dann ein Papier Küchentuch auflegen, ein schweres Buch darauf und trocknen lassen.

* Teppiche erhalten ihre leuchtende Farbe wieder, wenn Sie lauwarmes Essigwasser (Mischung 10:1) mit einem Schwamm auftragen und gut einreiben. Auch das Klopfen im Schnee gibt den Teppichen eine frische Farbe; der Schnee darf aber nicht zu nass sein, da sonst vom Teppich zu viel Feuchtigkeit aufgesaugt wird. Zum Klopfen die obere Seite des Teppichs auf den Schnee legen.

Teppichkanten

* Aufgerollte und hochgebogene Teppichkanten werden wieder gerade, wenn man sie gut anfeuchtet und auf der Unterseite mit Tischlerleim einstreicht. Nach dem Trocknen ist der Teppich gerade und flach.

Terrakottafliesen

* Terrakottafliesen werden sauber und bekommen einen schönen matten Glanz, wenn Sie sie regelmäßig mit einer Lösung aus Wasser und Schmierseife reinigen.

Tierhaare

* Tierhaare auf dem Teppich, die der Staubsauger nicht aufnimmt, können Sie auf folgende Art entfernen: Reiben Sie eine Bürste mit Kunststoffhaaren an einem Stoff aus Kunstfasern. Die Bürste lädt sich elektrostatisch auf, und die Haare werden wie von einem Magnet angezogen. Von Polstern und Mänteln lassen sich Tierhaare leicht mit einem feuchten Schwamm entfernen.

Türen

* Türen sehen an den Stellen, an denen man sie ständig mit der Hand berührt oder mit den Füßen anstößt, schnell unansehnlich aus. An den „Greifstellen" werden lackierte oder helle Türen von Zeit zu Zeit mit farblosem Bohnerwachs, das dünn aufgetragen wird, poliert. Dunkle Holztüren sollte man jährlich einmal mit heißem Leinöl einreiben, hellgestrichene Türen werden mit Schlämmkreide gereinigt.

Türquietschen

* Quietschen von Türen beseitigt man durch Ölen der Türangeln. Nur sehr wenig Öl benutzen, damit es nicht hinabläuft und den Boden verschmutzt.

Vasen

* Hohe Vasen haben meist keine große Standfestigkeit. Geben Sie auf den Vasenboden kleine Kieselsteine oder Sand, so fällt Ihre Vase nicht mehr so schnell um. Eine wertvolle Vase, die einen Riss hat, lässt sich mit Ker-

zenwachs wieder wasserdicht machen. Enge Vasen lassen sich gut reinigen, wenn Sie sie mit Seifenwasser und einigen Reiskörnern füllen und gut schütteln.

Wachsflecken auf Möbeln
* Wachsflecken auf Holz weicht man am besten zuerst mit einem Haarfön auf. Dann nimmt man das Wachs mit einem Leinentuch auf und wäscht vorsichtig mit Essigwasser nach.

Warmluftheizung
* Wenn Sie Ihre Warmluftheizung nach längerer Pause wieder in Betrieb nehmen, saugen Sie zunächst die Luftklappen mit dem Staubsauger ab, damit der Staub, der sich darin festgesetzt hat, nicht durch das Zimmer gewirbelt wird.

Wasserflecken auf Holzmöbeln
* Reiben Sie mit einer aufgeschnittenen Walnuss über die betroffene Stelle.

Wasserringe auf Holz
* Gläser oder Vasen hinterlassen auf Holz oft einen Wasserrand. Um sie zu entfernen, reibt man mit einem feuchten Tuch eine Mischung aus Butter und Zigarettenasche auf die Stelle und poliert sie mit einem trockenen Tuch.

Zahnputzbecher
* Um den weißen Belag in Zahnputzbechern oder -gläsern zu entfernen, geben Sie einen Esslöffel Salz hinein und füllen mit heißem Wasser auf. Rühren Sie um, damit sich das Salz ganz auflöst. Die Salzlake einige Zeit einwirken lassen, danach ausspülen und mit einem Tuch nachwischen.

Zeitungen, alte
* Alte Zeitungen lassen sich zu brauchbarem Brennmaterial von hohem Heizwert verarbeiten. Zeitungen zerreißen und in einer Wanne in Wasser einweichen. Die aufgeweichten Zeitungen nach etwa zwei Tagen zu Ku-

geln formen und das Wasser dabei ausdrücken. Auf dem Dachboden oder in der Sonne trocknen lassen.

Zinngeschirr

* Zinngeschirr können Sie wieder auf Hochglanz bringen, wenn Sie es in eine schwache, mit Zinnkraut versetzte warme Sodalösung legen und mit einer weichen Bürste oder einem Schwamm abreiben. Danach mit lauwarmem Wasser nachspülen und mit einem weichen Lappen polieren.

Die besten Tipps für die

Kleider- und Wäschepflege

Alkoholflecken

* Alkoholflecken, die nicht behandelt werden, dunkeln stark nach und lassen sich dann kaum noch entfernen. Deshalb die Flecken sofort in einer Mischung aus Wasser und Glyzerin einweichen und mit Essigwasser nachspülen.

Alleskleberflecken

* Alleskleberflecken lassen sich mit Nagellackentferner mühelos beseitigen.

Angorapullover

* Es kommt vor, dass Angorapullover viele Fusseln verlieren. Packen Sie Ihren Angorapullover in eine Plastiktüte und legen Sie ihn für einige Minuten in den Gefrierschrank, bevor Sie Ihn anziehen.

Baumwollpullover

* Baumwollpullover leiern beim Waschen schnell aus. Das können Sie verhindern, in dem Sie sie in einen Kopfkissenbezug stecken und diesen zuknöpfen. Anschließend den Kissenbezug ganz normal in der Waschmaschine waschen.

Bettbezüge

* Wenn Sie Bettbetzüge und Kopfkissen von links waschen und bügeln, brauchen Sie diese dann später beim Beziehen der Betten nicht mehr umstülpen.

Bierflecken

* Meist reicht es, das Bier mit lauwarmen Wasser auszuwaschen, eventuell etwas Feinwaschmittel dazugeben.

Bleichmittel für Feinwäsche

* Vergilbte Feinwäsche wird wieder leuchtend weiß und frisch, wenn Sie die Wäsche im letzten Spülgang in zehn Liter Wasser, verrührt mit einem Esslöffel Boras, spülen.

Blutflecken

∗ Eine Lösung aus Zitronensaft und Salz 10 Minuten einwirken lassen. Danach mit kaltem Wasser gut ausspülen. Wenn das Wäschestück in der Waschmaschine gewaschen werden kann, den Fleck zunächst mit kaltem Wasser auswaschen, dann mit Gallseife ausreiben und wie üblich waschen. Blutflecken in Wollstoffen mit feuchter Weizenstärke bestreichen, trocknen lassen und anschließend ausbürsten.

Bügeleisen

∗ Die Gleitfläche des Bügeleisens wird wieder blank und glatt, wenn Sie es kalt auf einen essiggetränkten Lappen stellen und darauf abreiben.

Bügeln

∗ Spannt man über ein Bügelbrett eine wiederstandsfähige Alufolie und deckt das ganze dann mit einem Moltontuch ab, spart man Strom, weil beim Bügeln die Hitze stärker reflektiert wird.

∗ Sie haben vergessen, Ihre Hemden zum Bügeln noch leicht feucht von der Wäscheleine zu nehmen? Macht nichts! Sprühen Sie einfach die Hemden mit warmem Wasser ein und legen Sie sie für eine halbe Stunde in eine Plastiktüte. Danach können Sie die Hemden wieder kinderleicht bügeln. Alles, was Sie gebügelt haben, sollten Sie noch eine Weile ausgebreitet liegen lassen. Manche Kleidungsstücke verlieren sonst gleich wieder die Form. Es besteht auch die Gefahr, dass sie einen dumpfen Geruch annehmen, wenn sie gleich in den Schrank gelegt werden.

Bügelfalten

∗ Bügelfalten halten länger, wenn Sie den Stoff von der linken Seite befeuchten und dann bügeln.

Bügeln von gestärkter Wäsche

∗ Das Kleben der gestärkten Wäsche am Bügeleisen wird dadurch vermieden, dass man dem Stärkewasser etwas Salz zusetzt.

Cognacflecken

* Den Cognacfleck mit 96%igen Alkohol aus dem Stoff reiben. Das geht noch besser, wenn man den Alkohol vorher im Wasserbad erwärmt.

Crêpestoffe

* Crêpestoffe bügelt man auf einem Frotteehandtuch, dann bleibt die Crépeart erhalten.

Dampfbügeleisen entkalken

* Kalkablagerungen im Bügeleisen können Sie entfernen, indem Sie das Bügeleisen mit Zitronenwasser (Mischung 1:1) füllen, aufheizen, einige Minuten dampfen und dann abgeschaltet ein bis zwei Stunden ziehen lassen. Danach ausleeren und mit klarem Wasser gründlich nachspülen. Für Dampfbügeleisen nur ganz weiches oder destilliertes Wasser verwenden.

Daunendecken und Federbetten

* Daunendecken und Federbetten sollten Sie niemals in der prallen Sonne lüften, da durch die Hitzeentwicklung die Federn brüchig werden. Auch bei zu hoher Luftfeuchtigkeit lassen Sie die Betten lieber im Zimmer, denn durch die Feuchtigkeit können die Federn klumpen. Nach längerem Gebrauch klumpen sich die Federn in den Federbetten zusammen. Öffnen Sie das Inlett gerade so weit, dass die Düse Ihres Föhns hineinpasst und blasen Sie damit kalte Luft in das Inlett. Die Federn wirbeln herum, und das Federbett wird wie neu.

Daunenjacken

* Daunenjacken werden nach dem Waschen besonders locker, wenn Sie sie im Trockner trocknen und einen Tennisball dazugeben.

Diamanten

* Echte und falsche Diamanten können Sie unterscheiden, wenn Sie das Schmuckstück oder den Diamanten in vollkommen klares Wasser legen. Der echte Diamant funkelt unter Wasser genauso wie über Wasser, der falsche nicht.

Druckknöpfe

* Druckknöpfe, die nicht mehr so fest zusammenhalten, schlägt man mit einem Hammer leicht auf das Knopfteil, so dass es etwas auseinandergetrieben wird und wieder fest schließt.

Druckstellen in Cord, Samt und Veloursstoffen

* Cordhosen bekommen in der Waschmaschine oft hässliche Knitterfalten und Druckstellen. Dem kann man leicht vorbeugen, indem man die Hosen vor dem Waschen auf die linke Seite wendet. Ein Dampfbügeleisen über die Druckstelle in Samt oder Veloursstoffen halten, ohne es anzudrücken, bis sich der Flor aufrichtet. Diesen vorsichtig bürsten. Ein nasses Tuch auf die Druckstelle legen, einwirken lassen und den Flor anschließend mit einem Fön hoch blasen. Die Druckstelle anfeuchten und den Flor anschließend mit einem Tuch vorsichtig nach allen Seiten hin trockenreiben.

Eierflecken

* Das Kleidungsstück in lauwarmer Seifenlauge einweichen, dann auswaschen.

Einlaufen

* Neue Kleider und Stoffe laufen nicht so sehr ein, wenn die erste Wäsche nur mit handwarmem oder kaltem Wasser erfolgt.

Faltenröcke

* Nach dem Waschen hat man bei Faltenröcken sehr viel Arbeit mit dem Bügeln. Diese Arbeit kann man sich erleichtern, wenn man vor dem Waschen die Falten zusammenheftet.

Farbiges Waschen

* Ein Zerfließen der Farben beim Waschen farbiger Sachen wird vermieden durch Zusatz von Essig zum Waschwasser.

Fettflecken

* Frische Fettflecken kann man mit weichem Krepppapier ausreiben. So lange reiben, bis das Papier das Fett aufgesaugt hat. Aus Mänteln und

Anzügen lassen sich die Flecken entfernen, wenn man geschabte Schneiderkreide auf den Fleck gibt und diese nach ein paar Stunden ausklopft. Bei Stoffen, die gewaschen werden können, reicht es, den Fleck mit Gallseife einzureiben und das Wäschestück anschließend wie üblich zu waschen.

Flecken

* Alle Flecken sollten Sie möglichst sofort behandeln, da eingetrocknete Flecken oft nur sehr schwer wieder zu entfernen sind.
* Frische Flecken: Sofort mit einem Papiertaschentuch oder mit Küchenpapier aufsaugen, damit nicht so viel in das Gewebe dringt. Oft hilft es schon, wenn man etwas Mineralwasser auf den Fleck gießt, es kurz einwirken lässt und dann mit einem Tuch aufnimmt.
* Bei alten Flecken: Reiben Sie den Fleck mit einer Waschpulverlösung ein. Etwas einziehen lassen. Dann wie üblich waschen. Falls Sie ein Kleidungsstück mit Fleckenentferner bearbeiten wollen, prüfen Sie vorher an einer unauffälligen Stelle, ob es farbecht ist.

Glanzflecken

* Glanzflecken auf Hosenbeinen oder auf dem Hosenboden entfernt man mit einer Lösung aus Salmiak und Wasser (Mischung 1:10). Die Lösung mit einem Wolllappen strichweise auf die betreffenden Stellen streichen und sofort von links mit niedriger Temperatur bügeln.

Goldschmuck

* Ihr Goldschmuck erstrahlt in altem Glanz, wenn Sie ihn in einem Liter Wasser baden, dem Sie ein paar Tropfen Salmiakgeist zugegeben haben.

Grasflecken

* Bei Textilien, die gewaschen werden können, den Fleck mit Gallseife einreiben und anschließend waschen. Für Wollsachen nimmt man lauwarmes Wasser und Waschseife (oder Gallseife) und behandelt damit vorsichtig den Fleck. Mit kaltem Wasser nachspülen.

Gummiband

* Gummiband können Sie ganz leicht auswechseln, wenn Sie das neue Band mit dem Ende des alten verknüpfen und beim Herausziehen des verbrauchten Stückes das neue gleich durchziehen.

Hemdkragen

* Stark verschmutzte Hemdkragen werden wieder sauber, wenn Sie sie vor dem Waschen mit etwas Haarshampoo einreiben, da Haarshampoo schonend Körperfette löst.

Innenfutter

* Ist das Innenfutter einer Jacke verschlissen, können Sie es mit einem Trick schnell erneuern. Schneiden Sie von einem Herrenhemd den Kragen, die Manschetten und die Knöpfe ab. Nun wird das Hemd links auf links in die Jacke eingenäht, so dass die rechte Seite des Hemdes nach außen zeigt.

Jeans

* Neue Jeans bleichen nicht aus, wenn Sie sie vor dem Waschen etwa eine Stunde lang in kaltes Salzwasser legen (ein Esslöffel Salz auf Zwei Liter Wasser). Waschen Sie die Jeans im Kaltwaschgang und zwar immer mit der Innenseite nach außen. Ausgebleichte Jeans können Sie farblich auffrischen, wenn Sie sie mit neuen Jeans zusammen waschen, da sie die Farbe, die die neuen Jeans abgeben, aufnehmen.

Jodflecken

* Den Fleck anfeuchten und mit der Schnittfläche einer rohen Kartoffel ausreiben. Danach kalt ausspülen und das Kleidungsstück wie üblich waschen.

Kaffee- und Kakaoflecken

* Die Flecken mit nasser Kern- oder Gallseife einreiben, abspülen und anschließend auswaschen. Ältere Flecken verschwinden, wenn man das Kleidungsstück in kaltes Wasser legt, den Fleck mit Glyzerin betupft und es dann lauwarm auswäscht. Kaffee und Tee hinterlassen auf Geschirr oft

hartnäckige Flecken. Etwas Salz auf ein Schwammtuch gestreut wirkt Wunder.

Kaugummi- Kneteflecken

* Den Kaugummifleck sofort mit einem Eiswürfel einreiben. Dadurch wird die Masse hart und lässt sich leicht ablösen. Sie können das Kleidungsstück auch für etwa eine Stunde in den Gefrierschrank legen, der Kaugummi lässt sich danach leicht herausreiben.

Kleider, zerknitterte

* Zerknitterte Kleider auf der Reise werden schnell wieder glatt, wenn Sie sie in das Badezimmer hängen, während Sie duschen. Der heiße Dampf dringt in den Stoff und lässt ihn wieder glatt werden. Die Kleidungsstücke danach noch einige Zeit hängen lassen. Bei feuchtem Wetter können Sie die Kleider auch an das geöffnete Fenster hängen.

Kleiderschrankduft

* Immer frischen Duft im Kleiderschrank hat man, wenn man frische Zitronen mit Nelken spickt und an einer Schnur im Kleiderschrank befestigt. Die Zitrone fault nicht, sondern schrumpft nur ein. Die gespickte Zitrone wirkt auch prima gegen Fliegen, z. B. in der Küche.

Kleidung, duftende

* Kleidung, die gebügelt werden muss, duftet angenehm und frisch, wenn Sie etwas Haselnussessenz mit dem Wasser in Ihr Dampfbügeleisen geben. Sie können nach Belieben auch einige Tropfen ihres Lieblingsparfüms oder eine andere Duftnote wählen.

Kleidung schwarz färben

* Geben Sie in einen 10 Liter Eimer, der mit sehr heißem Wasser gefüllt ist, 12 bis 15 Teebeutel schwarzen Tee hinein. Über Nacht stehen lassen. T-Shirts, Hosen o.ä. werden wieder schön schwarz.

Knöpfe annähen

* Nähen Sie Knöpfe mit Zahnseide oder Elastikfaden an, so halten sie länger!

Kragenfalten

∗ Man verhindert beim Bügeln von Hemd- und Blusenkragen Fältchen, wenn von den Kragenspitzen zur Mitte gebügelt wird.

Kugelschreiber- Filz- und Kopierstiftflecken

∗ Die Flecken mit Alkohol oder Brennspiritus ausreiben, den gelösten Farbstoff mit Küchenpapier aufsaugen und mögliche Reste mit Gallseife auswaschen. Kugelschreiberflecken in der Kleidung oder auf Polstermöbeln bekommt man mit Haarspray heraus. Einfach den Fleck besprühen und mit einem leicht feuchten Tuch ausreiben.

Lackschuhe

∗ Lackschuhe werden nicht brüchig, wenn man sie ab und zu mit Olivenöl einfettet. Sie bleiben glänzend, wenn das gereinigte Leder mit einer halben Zwiebel abgerieben wird.

Leder, hartes

∗ Glattes Leder, das durch Nässe und zu schnelles Trocknen hart geworden ist, erhält seine Elastizität zurück, wenn Sie es mit Rizinusöl behandeln.

Lederhandschuhe, enge

∗ Lederhandschuhe, die zu eng geworden sind, können Sie folgendermaßen weiten: Rollen Sie die Handschuhe in ein feuchtes Frotteehandtuch, bis sie ganz durchfeuchtete sind. Danach ziehen Sie die Handschuhe an und tragen sie, bis sie ganz trocken sind. Anschließend mit einem Lederpflegemittel einreiben.

Ledertaschen polieren

∗ Ältere Ledertaschen ohne Glanz mit der Außenhaut von Orangenschalen einreiben und mit einem weichen Wolllappen nachpolieren. Sie sehen wieder wie neu aus.

Leinenschuhe

* Weiße Leinenschuhe werden wieder weiß, wenn Sie Schlämmkreide mit
ein wenig Milch mischen, dünn mit einem Schwämmchen auf die Lein-
schuhe auftragen und danach gut eintrocknen lassen.

Lippenstiftflecken

* Bei waschbaren Stoffen kann Lippenstift mit Gallseife ausgewaschen
werden. Ansonsten kann er mit 96%igen Alkohol ausgerieben werden.
Bei hartnäckigen Fällen trägt man Glyzerin auf und spült warm nach.

Milchflecken

* Mit Kernseife einreiben, 15 Minuten einwirken lassen. Anschließend mit
warmem bis heißem Wasser ausspülen.

Mottenschutz

* Es hilft: Zellstoff oder Läppchen mit Terpentinöl beträufeln, Pfefferkörner grob zerkleinern, Alaun-Pulver, Borax (auch gegen Kakerlaken),Ge
würznelken, Lorbeerblätter; Apfelsinen- und Zitronenschalen getrocknet,
Zitronen mit Nelken bespickt, Anis, Myrte; Panamarinde, Zedernholz;
Sträußchen Steinklee oder Waldmeister.
* Als Behältnis für Nelken, Pfefferkörner, Alaun, Terpentin etc. nimmt man
am besten die gelben Plastikverpackungen aus den Überraschungseiern.
Diese durchlöchert man mit einer (über der Kerze erhitzten) Stopfnadel
und legt einige davon in den gut verschnürten Plastikbeutel mit der aus-
gelagerten Winterbekleidung. Lavendel vertreibt ebenfalls die Motten
aus Schränken und Kommoden. Füllen Sie frische Lavendelblüten (der
abgeblühte Lavendel entfaltet nicht mehr so viel Duft) in kleine Säckchen
aus luftdurchlässigem Stoff, und hängen Sie sie in den Schrank oder in
die Kommode. Um Teppiche vor Motten zu schützen, reiben Sie sie mit
einer Essig-Wasserlösung (Mischung 1:1) ab. Aus Polstermöbeln können
Sie die Motten mit Essigdämpfen sehr gut vertreiben.

Nähzeug für unterwegs

* Werfen Sie die Hülle ihres verbrauchten Lippenstifts nicht weg. Entfernen Sie die letzten Reste und reinigen die Hülle mit reinem Alkohol oder

Glycerin. Die Hülse bietet sich als kleines Nähnecessaire für unterwegs geradezu an, denn Sie ist klein und hat in jeder Handtasche Platz.

Obst- und Obstsaftflecken

∗ Frische Obstflecken mit Salz bestreuen und wenn möglich mit kochendem Wasser übergießen. Gut geeignet ist auch Zitronensaft, der mit warmem Wasser nach der Behandlung ausgespült wird. Hartnäckige Flecken können Sie in Buttermilch mit Zitronensaft einweichen. Danach wie üblich waschen.

Ölflecken

∗ Bei allen waschbaren Textilien etwas Handwaschpaste auf den Fleck streichen, etwas einwirken lassen, eventuell verreiben und mit klarem Wasser ausspülen. Danach wie üblich waschen. Bei Seide streut man etwas Kartoffelmehr auf den Fleck und wäscht mit milder Seife nach.

Perlmutt

∗ Perlmuttknöpfe und -schnallen, die nachgedunkelt oder matt geworden sind, erhalten ihren alten Glanz wieder, wenn Sie sie in einer Lösung aus Schlämmkreide und kaltem Wasser reinigen.

Pelzfutter in Schuhen

∗ Um das Pelzfutter in Schuhen zu reinigen, gibt man Talkumpuder in den Pelz. Der Schuh muss damit einige Stunden stehen bleiben, dann schüttelt und klopft man die Schuhe gut aus, bis der Puder wieder entfernt ist.

Pullover in Form halten

∗ Pullover und auch Wolljacken sollten nie auf Bügel gehängt, sondern liegend aufbewahrt werden, da sie sonst leicht die Form verlieren. Damit Knopflöcher sich beim Waschen nicht verziehen, sollte man sie vorher mit ein paar Stichen zunähen.

Rasierklingen

∗ Zum Auftrennen von alten Nähten sind Rasierklingen ideal. Damit Sie sich dabei nicht schneiden, stecken Sie die eine Seite der Rasierklinge längs in einen Korken. So sind sie geschützt und können den Korken außerdem gleich als Griff benutzen.

Regenschirme, nasse

* Nasse Regenschirme sollten Sie nur bis zur Hälfte aufspannen, um sie trocknen zu lassen, da beim Trocknen die allzu straff gespannte Seide leicht rissig wird.

Reißverschlüsse

* Machen Sie vor dem Waschen die Reißverschlüsse zu, sie lassen sich dann genauso leicht auf- und zumachen wie vorher. Wenn Sie einmal Ärger mit einem Reißverschluss haben, weil er hakt, greifen Sie zu einem Bleistift und fahren Sie mit der Graphitspitze ein paar Mal über die Zähne des Reißverschlusses. Meist geht er dann wieder wie geschmiert.

Rostflecken

* Helle Stoffe mit Zitronensaft beträufeln und einziehen lassen, bis der Fleck verschwunden ist, Dann gut ausspülen. Oft hilft es auch, wenn man den Stoff mit etwas Glyzerin in Wasser legt und ihn dann wie üblich wäscht.
* Rostflecken auf Porzellan und Emaille mit einer Paste aus Borax und Essig entfernen.
* Rostflecken auf Metall (Bügeleisen) entfernt man mit einer Creme aus Kochsalz und Butter. Etwa eine Stunde einwirken lassen, dann mit Küchenkrepp abwischen.

Rotweinflecken

* Frische Rotweinflecken mit Salz bestreuen und dann auswaschen. Ältere Flecken lassen sich mit einer 10%igen Essig- oder Zitronenlösung entfernen. Dann wie üblich waschen.

Rußflecken

* Den Ruß zunächst vorsichtig ausschütteln, danach viel Salz darauf streuen und einziehen lassen, später ausbürsten. Man kann den Ruß auch mit etwas Kernseife und lauwarmem Wasser auswaschen.

Samt

* Wenn ein Kleidungsstück oder eine Decke aus Samt verstaubt ist, tauchen Sie eine Bürste in Salz und bürsten damit ganz leicht über den Samt. Der Staub ist dadurch wie weggeblasen.

Schmierölflecken

* Die Schmierölflecken dick mit Margarine einreiben und etwas einziehen lassen. Das Fett danach entfernen und das Kleidungsstück wie üblich waschen.

Schnürsenkel, ausgefranste

* Ausgefranste Enden von Schnürsenkeln taucht man in Nagellack oder flüssiges Kerzenwachs und dreht sie zusammen. So kann man sie wieder mühelos durch die Ösen ziehen.

Schokoladenflecken

* Die Schokoladenreste zunächst mit einem Messer vorsichtig abkratzen und die Flecken danach in warmer Seifenlauge auswaschen.

Schuhcreme, eingetrocknete

* Eingetrocknete Schuhcreme wird wieder weich, wenn man die gut verschlossene Tube oder Dose etwa eine halbe Stunde in heißes Wasser stellt.

Schuhcremeflecken

* Schuhcremeflecken bestreicht man zunächst mit Terpentinersatz und wäscht sie dann mit Gallseife aus.

Schuhe im Winter

* Schuhe bekommen keine Schneeränder, wenn sie öfter einmal mit Milch eingerieben werden.

Schuhe putzen ohne Schuhputzmittel

* Haben Sie kein Schuhputzmittel zur Hand und müssen Lederschuhe blank putzen, nehmen Sie eine halbe Zwiebel und reiben die Schuhe da-

mit ein. Anschließend mit einem Tuch nachpolieren. Reinigungsmilch macht nicht nur die Gesichtshaut sauber. Sie eignet sich auch hervorragend zum Schuhe putzen. Ideal z.B. auf Reisen.

Schuhe, enge

* Ein Schuh hört auf zu drücken, wenn Sie ein Gläschen reinen Alkohol hineingießen und ihn gleichmäßig verteilen. Den Schuh dann gleich anziehen, denn jetzt gibt das Leder nach. Eine andere Möglichkeit ist, den Schuh mit nassen Baumwollsocken anzuziehen und so lange zu tragen, bis die Socken getrocknet sind.

Schuhe, nasse

* Wenn Ihre Schuhe nass geworden sind, stopfen Sie Zeitungspapier hinein. Lassen Sie die Schuhe immer bei Zimmertemperatur trocknen, niemals auf der Heizung, da sonst das Leder spröde, rissig und hart wird und dann bricht. Stellen Sie die Schuhe schräg an eine Wand, so können sie langsam und von allen Seiten gleichmäßig trocknen.

Schuhe, weiße

* Schrammen oder angestoßene Stellen auf weißen Schuhen lassen sich mit flüssigem Korrekturlack für Schreibmaschinen ganz leicht ausbessern.

Schultertaschen, rutschende

* Rutschende Schultertaschen sind ein Ärgernis. Kleben Sie einen schmalen, dünnen Schaumgummistreifen dort auf die Unterseite des Taschenriemens, wo er auf der Schulter aufliegt.

Schweißflecken

* Die Kleidungsstücke in Essigwasser legen, gut ausspülen und dann wie üblich waschen. Aus Wollsachen und Pullovern entfernt man die Flecken durch vorsichtiges Ausreiben mit Salzwasser. Anschließend mit etwas Alkohol nachreiben. Aus dunklen Kleidern verschwinden die Flecken, wenn man den Stoff zwischen zwei in Salmiakgeist getränkte Tücher legt und sie dann dämpft.

Seide bügeln

∗ Reine Seide darf nicht zu heiß und nur von links gebügelt werden. Am einfachsten geht das, wenn sie noch leicht feucht ist.

Seide / Fettflecken

∗ Bei Seide streut man etwas Kartoffelmehrl auf den Fleck und wäscht mit milder Seife nach. Auch können Sie Stärkemehl auf die fettige Stelle reiben. Dieses saugt das Fett auf und lässt sich leicht wieder ausklopfen.

Seide waschen

∗ Waschen Sie Seide mit der Hand oder im Schongang der Waschmaschine mit einem sehr milden Feinwaschmittel höchstens bei 30° C. Zum Ausspülen zunächst lauwarmes, dann kaltes Wasser nehmen. Geben Sie dem letzten Spülwasser etwas Essig zu, leuchten die Farben wieder intensiv. Die Seide tropfnass aufhängen und möglichst glatt ziehen. Nicht in der Sonne trocknen.

Seide

∗ Seide reagiert auf Sonnenbestrahlung, Körperschweiß, Parfüms und Deodorants sehr empfindlich. Wenn die Flecken nicht mehr herausgehen, dann kann man die Seide färben.

Silber- und Goldschuhe

∗ Haben Ihre Silber- oder Goldschuhe Kratzer bekommen, so streichen Sie sie mit weißer Zahnpasta ein und wischen sie mit einem weichen Lappen ab.

Spinatflecken

∗ Die Flecken mit einer rohen Kartoffel abreiben und das Wäschestück wie üblich waschen.

Spitzen waschen

∗ Feine Spitzen können sie bei 30° C in der Waschmaschine waschen, wenn Sie sie in ausgediente Perlonstrümpfe geben und die Strümpfe oben zuknoten. Zum Trocknen legen Sie die Spitzen zwischen ein trockenes Handtuch, dabei die Spitzen gut glatt streichen.

Stickereien bügeln

* Auf die linke Seite ein mit Essigwasser benetztes Tuch legen und mit nicht zu heißem Bügeleisen so lange bügeln, bis das Tuch trocken ist.

Stiefelspanner

* Als Stiefelspanner können auch dicke zusammengerollte Zeitungen dienen, die in den Stiefelschacht gesteckt werden.

Stockflecken

* Kleine Stockflecken verschwinden, wenn man das Stoffstück zwei bis drei Tage in Essiglösung oder in Buttermilch liegen lässt. Oft hilft es auch, den Fleck mit Gallseife einzureiben und dann das Kleidungsstück zu waschen.

Teerflecken

* Die Teerflecken mit Butter bestreichen, danach die Butter mit Küchenpapier entfernen. Die Prozedur so lange wiederholen, bis die Flecken verschwunden sind. Mögliche Fettreste mit Gallseife einreiben und das Kleidungsstück waschen. Teerflecken an den Füßen können Sie mit Butter oder Zahnpasta entfernen.

* Teerflecken auf dem Auto können Sie mit Leinöl oder Butter entfernen. Tränken Sie die Flecken mit Leinöl und Butter, bis sie aufgeweicht sind. Danach wischen Sie sie mit einem ebenfalls mit Leinöl angefeuchteten Tuch ab.

Tennissocken

* Nach mehrmaligem Spielen auf dem roten Ascheplatz sehen Tennissocken auch nach der Wäsche leicht rot aus. Sie werden wieder strahlend weiß, wenn Sie die Socken über Nacht in einer Borax-Lösung einweichen.

Tintenflecken

* Tintenflecken mit Salz bestreuen oder mit Zitronensaft beträufeln und einziehen lassen, anschließend auswaschen.

* Frische Flecken auf Leder können mit Backpulver behandelt werden: Das Backpulver darauf streuen, das Pulver saugt die Tinte auf. So oft wiederholen, bis der Fleck verschwunden ist.

* Tintenflecken auf Teppichböden begießt man mit etwas Mineralwasser und reibt sie dann aus. So oft wiederholen, bis der Fleck weg ist.

Trägerkleider

* Trägerkleider rutschen nicht vom Bügel, wenn Sie ein Einmachgummi um jedes Bügelende wickeln oder auf jedes Bügelende ein kleines Stückchen Schaumstoff kleben.

Trocknen im Wäschetrockner

* Bevor Sie die Wäsche zum Trocknen in den Trockner geben, sortieren Sie diese nach der Beschaffenheit der Stoffe, so dass Sie nicht dünne Textilien zusammen mit dicken trocknen. Die dünnen würden zu lange trocknen und möglicherweise einlaufen. Geben Sie nie zuviel Wäsche auf einmal in den Trockner, damit sie locker und glatt wird und leichter zu bügeln ist.

Versengen

* Versengte Stoffe sofort mit Essigwasser einreiben und trocknen lassen, dann verschwinden die braunen Stellen wieder.

Wachsflecken

* Wachsflecken auf Holz weicht man am besten mit einem Haarfön auf. Dann nimmt man das Wachs mit einem Leinentuch auf und wäscht vorsichtig mit Essigwasser nach.

* Wachsflecken im Teppich entfernen Sie so weit wie möglich mit einem scharfen Messer. Danach legen Sie Küchenpapier auf die Wachsflecken und bügeln sie aus.

Wäscheleine

* Bevor Sie Ihre Wäsche auf die Leine hängen, wischen Sie die Leine mit einem feuchten Tuch ab. So ersparen Sie sich Schmutzflecken an der frischen Wäsche.

Waschen

* Die Inhaltsstoffe der Waschmittel tragen stark zur Umweltbelastung bei. Sie können beim Waschen einiges tun, um diese Belastung zu reduzieren: Verwenden Sie nur phosphatfreie Waschmittel. Bei der Dosierung von Waschmitteln sollten Sie sich nach dem Härtegrad Ihres Wassers richten, den Sie beim zuständigen Wasseramt erfragen können. Weiches Wasser braucht weniger Waschmittel als hartes. Beachten Sie die Mengenangaben, die vom Hersteller auf jeder Waschmittelpackung angegeben sind. Geben Sie dann die Pulvermenge für den Wasserhärtegrad „weich" und einen phosphatfreien Enthärter dazu. Das reduziert Tenside, Enzyme und Bleichmittel, die als umweltschädliche Substanzen auch in phosphatfreien Waschmitteln enthalten sind. Nutzen Sie die Füllmenge der Waschmaschine aus, so sparen Sie Energie, Wasser und Waschmittel.

* Feinwaschmittel sind umweltfreundlicher als Vollwaschmittel. Sie reichen im allgemeinen für normal verschmutzte Wäsche bis zu 60° C aus. Waschen Sie normal verschmutzte Kochwäsche bei 60° C, stark verschmutzte Wäsche wird vorher eingeweicht. Kochwäsche ist nur bei Säuglings- oder Krankenwäsche angebracht. Weichspüler sind überflüssig und stellen eine unnötige Belastung der Gewässer dar. Sie enthalten Tenside, die zum Teil in der Wäsche zurückbleiben und die Saugfähigkeit der Textilien vermindern. Außerdem können sie zu Hautjucken, Wundsein bei Babys und schlimmstenfalls auch zu Allergien führen. Waschpaste in Tuben, die besonders gern auf Reisen mitgenommen werden, enthalten große Mengen Tenside. Sie sollten nur in Ausnahmefällen, wenn überhaupt, benutzt werden. Trocknen Sie Ihre Wäsche, wann immer es geht, auf der Leine und nicht im Trockner. Sie schonen die Wäsche und sparen Energie.

Wäschestärke für Tischdecken

* Wenn Sie Tischdecken vor dem Gebrauch mit Wäschestärke oder Wäschepflegespray besprühen, lassen sich später entstehende Flecken leichter entfernen.

Wäschestärke selbst gemacht

* Wäschestärke kann ein Abfallprodukt aus Ihrer Küche sein. Wenn Sie rohe Klöße oder Kartoffelpuffer zubereiten, heben Sie das Wasser, dass

Sie dabei ausdrücken, in einer Schüssel auf. Sehr schnell wird sich die Kartoffelstärke am Boden absetzen. Schütten Sie das Kartoffelwasser vorsichtig ab, und Sie verdünnen die Stärke mit klarem Wasser. Nehmen Sie diese Mischung als letztes Spülwasser für Ihre Wäsche.

∗ Reisstärke: Kochen Sie Ihren Reis in genügend Wasser. Gießen Sie dann das Reiswasser durch ein Sieb in einen Topf, und geben Sie es zum letzten Spülwasser.

Wasserhärte

∗ Von der Wasserhärte hängt es ab, wie viel Wasch- und Putzmittel sie verwenden müssen. Je härter das Wasser ist, desto mehr müssen Sie zugeben. Die Wasserhärte (°dH = Grad deutscher Härte) wird in der Bundesrepublik in vier Bereiche unterteilt: Härtebereich 1 (weich): 0-7° dH Härtebereich 2 (mittel): 7-14° dH Härtebereich 3 (hart): 14-21° dH Härtebereich 4 (sehr hart): über 21° dH Die Wasserhärte kann beim örtlichen Wasserwerk jederzeit erfragt werden.

Weiße Wäsche

∗ Wäsche wird blendend weiß und von Flecken befreit, wenn Sie eine ungespritzte Zitrone mit der Schale schneiden und in einem zugehefteten Waschhandschuh in die Waschmaschine geben.

Wildleder

∗ Wildlederschuhe, -handschuhe und –taschen lassen sich mit einer leichten, lauwarmen Feinwaschmittellösung reinigen. Danach mit Zeitungspapier fest ausstopfen und trocknen lassen. Anschließend wird das Leder mit einer feinen Wildlederbürste aufgeraut.

Wolldecken reinigen

∗ Gewaschene Wolldecken verziehen sich beim Trocknen nicht, wenn man sie im Dreieck über die Wäscheleine hängt

Wolle, aufgeribbelte

∗ Aufgeribbelte Wolle wird wieder glatt, wenn Sie sie stramm auf ein Brett wickeln, gut anfeuchten und trocknen lassen. Eine weiter Möglichkeit:

Wickeln Sie die Wolle um eine Flasche, und füllen Sie die Flasche mit heißem Wasser. Am nächsten Tag ist die Wolle glatt.

Wollknötchen

* Wollknötchen können Sie mit einem Elektro-Rasierer einfach abrasieren. Kleidung flach und faltenfrei hinlegen und vorsichtig abrasieren.

Wollpullover

* Wenn ein Wollpullover beim Waschen ausleiert, taucht man diesen in heißes Wasser und trocknet ihn mit einem Fön auf der höchsten Stufe. Dadurch ziehen sich gedehnte Teile wieder zusammen. Wollsachen allgemein verfilzen nicht, wenn man sie in lauwarmem Wasser wäscht und das Spülwasser dieselbe Temperatur hat. Wenn Ihr Wollpullover verfilzt ist, weichen Sie ihn vor dem Waschen über Nacht in Milch ein. Dann nehmen die Fasern das Fett auf und der Pulli wird hoffentlich wieder flauschig. Wollsachen werden auch in hartem Wasser wunderbar weich, wenn man sie mit einem milden Haarshampoo wäscht und einen Schuss Essig ins letzte Spülwasser gibt.

Wollstrümpfe

* Vor dem ersten Tragen legt man ein nasses Tuch auf die Strümpfe und bügelt das Tuch mit dem Bügeleisen auf niedriger Stufe trocken. Mit dieser Behandlung kann man verhindern, dass die Strümpfe später einlaufen und fusseln.

Die besten Tipps für

Auto und Heimwerken

Auto parken im Winter

* Parken Sie Ihr Auto im Winter immer so, dass Sie mit einem Starthilfekabel gut an den Motor gelangen können, wenn es mal nicht anspringt.

Autoantennen

* Autoantennen lassen sich mühelos zusammenschieben und bleiben sauber, wenn sie ab und zu mit Kerzenwachs eingerieben werden. Wurde Ihre Autoantenne abgebrochen, so können Sie sich fürs erste so behelfen: Biegen Sie sich einen Drahtkleiderbügel (aus der Reinigung) zurecht und benutzen Sie ihn als provisorische Antenne.

Autoaufkleber und Preisetiketten

* Aufkleber und Etiketten lösen sich leicht, wenn man sie mit dem Heißluftstrahl des Föns anbläst. Den Fön jedoch nicht zu nahe an die Etiketten halten und ständig bewegen. Ein weitere Möglichkeit ist es, den Aufkleber mit Salatöl einzureiben und einwirken zu lassen. Bei Bedarf mehrmals wiederholen, den Aufkleber dann abrubbeln und Klebstoffreste mit Lösungsmittel (z. B. Benzin, Spiritus) entfernen.

Autoreifen lagern

* „Kühl und trocken lagern" – das gilt nicht nur für Lebensmittel, sondern auch für Winter- oder Sommerreifen, die bis zum nächsten Einsatz aufbewahrt werden. Reifen, die auf Felgen aufgezogen sind, bewahrt man am platzsparendsten und besten an vier Haken hängend in der Garage auf. Geht das nicht, so können sie liegend aufeinandergestapelt im Keller gelagert werden. Alle Reifen auf Felgen sollten den normalen Luftdruck haben. Reifen ohne Felgen sollten am besten senkrecht stehend gelagert werden.

Autoscheiben ohne Eis

* Um morgens wenigstens eine freie Scheibe zu haben, sollten Sie im Winter, wenn es friert, ein entsprechend großes Stück Pappe unter die Scheibenwischer Ihres Autos klemmen.

Autoschmiere

* Bevor man sich am Auto zu schaffen macht, sollte man die Hände mit einem Geschirrspülmittel einreiben und trocknen lassen, ohne sie abzuwaschen, denn der Seifenfilm schützt die Haut vor Schmutz und Fett. Nach der Arbeit die Hände wie gewöhnlich mit Wasser und Seife waschen. Autoschmiere lässt sich mit Backpulver und Wasser leicht entfernen. Machen Sie dazu die Hände nass, bestreuen Sie die betroffenen Stellen mit Backpulver und reiben Sie mit einem feuchten Tuch die Schmiere ab.

Autotüren, zugefrorene

* Damit die Gummidichtungen Ihrer Autotüren im Winter nicht aneinander frieren, reiben Sie sie mit Glycerin ein. Das wirkt wasserabstoßend und hält außerdem die Gummidichtungen elastisch.

* So können Sie verhindern, dass die Autoschlösser einfrieren: Kleben Sie bei feuchtem Wetter und auch wenn Sie mit Ihrem Auto durch die Waschstraße fahren, Leukoplast auf die Türschlösser, auf diese Weise kann die Feuchtigkeit erst gar nicht eindringen. Ist das Schloss bereits eingefroren, so erwärmen Sie den Autoschlüssel mit einem Feuerzeug, stecken ihn in das Schloss und drehen ihn ganz langsam hin und her. Eventuell müssen Sie die Prozedur noch einmal wiederholen.

Batterien, ausgediente

* Ausgediente Batterien aus dem Radio erfüllen in einer normalen Taschenlampe noch eine geraume Zeit ihren Zweck. Sind die Batterien dann aufgebraucht, denken Sie daran, dass sie im normalen Hausmüll nichts zu suchen haben. Es gibt spezielle Batteriesammelstellen. Umweltfreundlicher sind übrigens wiederaufladbare Batterien.

Bilderrahmen verrutschen nicht mehr

* Bilderrahmen verrutschen nicht mehr, wenn Sie kleine Schaumgummiecken an den Rahmen kleben.

Bohren, senkrecht

* Senkrechtes Bohren stellt keine Problem mehr dar, wenn man aus einer alten Wasserwaage die Libelle herauslöst und parallel zum Bohrer auf der Bohrmaschine befestigt.

Bohren, zu tiefes verhindern

* Damit der Dübel nicht in der Wand verschwindet, weil man das Loch zu tief gebohrt hat, kennzeichnen Sie die Länge des Dübels plus einem halben Zentimeter mit etwas buntem Klebeband direkt auf dem Bohrer.

Bohren auf Fliesen

* Kleben Sie Leukoplast oder Maler-Krepp kreuzweise über die Bohrstelle, mit einem Faserschreiber wird auf dem Kreppband die genaue Position markiert. Nun die Bohrmaschine (mit Steinbohrer, besser noch Glasbohrer) fest aufsetzen und zunächst hochtourig im normalen Bohrgang bohren. Auf „Schlagbohren" erst dann stellen, wenn Sie die Fliese durchbohrt haben und auf hartes Steinmaterial stoßen.

Bohren in Hohlwänden

* Um die Tiefe zwischen Mauer und Putzschicht auszumessen, bohren Sie ein Loch und schieben anschließend einen starren Draht durch die Öffnung. So können Sie sehr genau die zu bohrende Zusatztiefe ermitteln.

Briefmarken, aneinanderhaftende

* Briefmarken, die aneinander haften, legt man unter Transparentpapier und bügelt sie mit einem heißen Eisen. Sie sind danach leicht voneinander zu lösen.

Briefmarken, die nicht kleben

* Wenn eine Briefmarke nicht mehr richtig klebt, reiben Sie sie auf der angefeuchteten Gummierung des Briefumschlages hin und her. Sie lässt sich danach wieder problemlos kleben.

Deckel klebt am Farbeimer

∗ Wollen Sie Ihren Farbeimer nach dem Streichen leicht öffnen können? Dann stülpen Sie vor Beginn des Streichens einen Streifen Alufolie über den Eimerrand, die Sie dann nach dem Streichen wieder abnehmen. Das verhindert, dass Farbe auf den Rand tropft, trocknet und verklebt. Am nächsten Tag lässt sich Ihr Farbeimer wieder ganz leicht öffnen.

Dichtungen auswechseln

∗ Um die Oberfläche des Wasserhahns beim Auswechseln von Dichtungen nicht mit der Zange zu beschädigen, legen Sie einfach zwei verschraubte oder zusammengebundene Streifen Holz zwischen die Zangenbacken und den Wasserhahn. Jetzt können Sie den Wasserhahn sicher und fest greifen und verhindern das Beschädigen seiner Oberfläche.

Draht, steifer

∗ Steifer Draht wird geschmeidig wenn er über einer Flamme rotglühend erhitzt wird und dann abkühlt.

Eisenschrauben

∗ Eisenschrauben lassen sich auch nach Jahren noch leicht heraus schrauben, wenn man sie vorher mit einer Mischung aus Schmieröl und Graphit bestrichen hat.

Essigbad

∗ Haben Sie eine schmutzige Arbeit vor, eine Reparatur z. B. am Fahrrad, baden Sie sich die Hände vorher in Essig. Der Essig schließt die Poren, so dass die Hände danach leichter zu reinigen sind.

Farbe entfernen

∗ Farbspritzer auf der Haut entfernen Sie am schonendsten mit Baby- oder Speiseöl. Ganz leicht können Sie Farbspritzer wieder abwaschen, wenn Sie Ihre Haut großzügig mit Vaseline einreiben, bevor Sie mit dem Streichen beginnen.

Farbe umrühren

* Farbe lässt sich leichter mit einem Teiglöffel mit Loch umrühren.

Feilen reinigen

* Feilen jeder Art lassen sich leicht reinigen, wenn man sie der Länge nach mit Klebefilm oder Wundpflaster beklebt, den Streifen fest andrückt und dann abzieht.

Fensterlüftung bei Windzug

* Öffnen Sie dazu zwei Fenster so, dass die Griffe aneinander stoßen. Wickeln Sie nun einfach ein Packband um die beiden Fenstergriffe. Nun sollte der Wind keine Chance mehr haben, die Fenster zuzublasen.

Fleckentfernung vor dem Streichen

* Sie haben sich vorgenommen, in der nächsten Zeit Ihre Wohnung neu zu streichen? Dann kommen diese Tricks gerade recht. Schimmel sollten Sie vor dem Streichen mit einem speziellen Schimmel-Entferner, den Sie in jedem Baumarkt erhalten, zu Leibe rücken. Setzen Sie sich unbedingt eine Maske auf, damit Sie den Schimmelpilz-Staub nicht einatmen.

* Filzstift-Kritzeleien, mit denen Ihre Kinder die Kinderzimmerwand „verziert" haben, sollten Sie vor dem Streichen mit einem Korrekturstift wie z.B. TippEx abdecken. Bei dunklen oder hartnäckigen Flecken wiederholen Sie dies am besten mehrmals.

* Nikotin und/oder Wasserflecken scheinen meistens bei einem neuen Anstrich noch durch. Deshalb sollten Sie auf die betroffenen Stellen Isolier-Absperrgrund auftragen, bei Bedarf wiederholen. Die Grundierung muss sehr gut getrocknet sein, bevor Sie mit dem Anstrich beginnen.

Frostschutzmittel für die Scheibenwaschanlage, selbstgemacht

* Mischen Sie einen Liter Spiritus mit einer Tasse Wasser und zwei Esslöffeln Spülmittel. Diese Mischung reicht für die Scheibenwaschanlage bis zu $-37°$ C.

Geld im Automaten

* Rutscht ein Geldstück in einem Automaten immer wieder durch, braucht man es nur anzufeuchten, und es klappt.

Gerüche nach der Renovierung

* Nach dem Renovieren riecht die Wohnung noch tagelang nach Malerfarbe. Stellen Sie ein paar Schüsseln mit Kochsalz auf, denn das bindet den Geruch.

Gips

* Damit Gips beim Anrühren nicht klumpt, rühren Sie den Gips im Wasser an und nicht umgekehrt. Will man das schnelle Abbinden des Gipses verzögern, gibt man etwas Essig oder Zitronensaft dazu. So wird das Aushärten wesentlich verlangsamt. Das ist besonders bei großflächigen Reparaturen von Vorteil. Soll die Stelle später überstrichen werden, mischen Sie noch etwas feinen Sand unter den Gips. Dadurch wird die Oberfläche griffiger und die Farbe haftet besser. Wollen Sie, dass der Gips schneller abbindet, können Sie dem Wasser etwas Salz beigeben. Für Bastelarbeiten ist das schnelle Abbinden manchmal ganz nützlich.

Glasscheibe einsetzen

* Um sich das Einsetzen einer Glasscheibe zu erleichtern, klebt man aus einem starken Klebeband einen „Handgriff" an die Glasscheibe. Bei größeren Glasscheiben müssen Sie zwei Handgriffe an der Scheibe befestigen.

Glatteis

* Im Winter kommt es schon mal vor, dass man bei Schnee oder Glatteis mit dem Auto stehen bleibt. Deswegen sollten Sie einen kleinen Sack mit Sand, Streusplitt oder Katzenstreu im Kofferraum Ihres Wagens haben. Wenn Sie ein paar Schaufeln Streugut vor die Antriebsräder des Autos streuen, werden die Reifen wieder greifen.

Gummistiefel

* Die Stiefel mit klarem Wasser reinigen, trocknen und mit Öl einreiben. Nachpolieren.

Haken in „weichen" Wänden

* Haken in „weichen" Wänden mit extremer Belastung (z.b. für Seilsysteme) halten der Beanspruchung stand, wenn man das Bohrloch vor dem Einführen des Dübels vollständig mit Heißkleber ausfüllt. Den herausquellenden Kleber nach Erkalten vorsichtig abpulen.

Hartmetall bohren

* Damit der Bohrer auf der glatten Fläche nicht abrutscht, die Bohrstelle mit Krepppapier bekleben.

Hausnummer selbst herstellen

* Man nehme den Deckel einer Blechdose, lege ihn mit der Außenseite auf ein Holzbrett und bohre mittig (bei rundem Deckel) oder rechts und links (bei rechteckigem Deckel) ein Loch bzw. zwei Löcher hinein. Steht der Deckelrand z.B. 4 mm über, so halte man ein Sperrholz von 4 mm Stärke bereit. Nun lackiere man die Außenseite des Deckels in weiß und male nach dem Trocknen darauf die Hausnummer. Nun das Ganze an der Wand verschrauben, vorher das Sperrholz unterlegen, damit die Schraube beim Festziehen nicht den Deckel eindrückt. Wenn man den Deckel übrigens auch von innen lackiert, kann ihm Feuchtigkeit nichts anhaben.

Heizkörper

* Die Wirkung von Heizkörpern lässt sich verstärken, wenn man die Wand hinter den Heizkörpern mit Alufolie und einem doppelseitigen Klebeband verkleidet. Auch Styroporplatten helfen Heizkosten sparen.

Holz bohren

* Wenn Sie ein Stück Holz durchzubohren haben, kann es passieren, dass beim Austreten des Bohrers das Holz splittert. Um das zu vermeiden, sollten Sie nur so weit bohren, bis der Bohrer kurz vor dem Austritt steht. Dann das Werkstück umdrehen. Lässt es sich nicht umdrehen, dann müssen Sie das letzte Stück besonders vorsichtig bohren oder ein anderes Holzstück unterlegen.

Holzleim, frischen entfernen

* Beim Basteln klebt man fast immer Holzteile mit Holzleim zusammen, der dann aus den Fugen quillt. Den überschüssigen Leim entfernt man am besten mit einem Tuch mit lauwarmen Wasser.

Holz lackieren

* Holz sieht super aus und wird ganz glatt wenn man es vor dem Lackieren etwas abschleift, danach mit einem Schwamm dünn mit Wasser abreibt und nochmals abschleift.

Holz, stumpfes

* Reiben Sie das Holz mit einer Lösung aus gleichen Teilen Rotwein und Salatöl ein. Es erhält dadurch seinen Glanz zurück.

Holzschutzmittel

* Chemische Holzschutzmittel sind für Innenräume völlig überflüssig. Wenn das Holz trocken ist, reicht eine Behandlung mit Bienenwachs oder Leinöl.

Holzwürmer entfernen

* Holzwürmer können Sie mit klarer 80%iger Essigessenz oder mit Holzessig entfernen. Holzessig bekommen Sie in Farbenfachgeschäften. Wenn Sie eine Sauna haben, nehmen Sie Ihr Möbelstück einfach mit in die Sauna. Die darin entstehenden Temperaturen machen dem Holzwurm den Garaus. Für den Holzwurm im Dachgebälk gibt es Fachfirmen, die eine Heißluftbekämpfung ohne chemische Mittel durchführen.

Kabel „einfädeln"

* Oftmals werden Kabelkanäle zu eng um Wandkanten oder Ecken gelegt, anschließend verputzt um später mit Kabeln durchzogen zu werden. Oftmals verschätzt man sich auch in der Länge des zusammenhängenden Kabelkanals. Dadurch ist ein Durchführen des Kabels nicht mehr mit normalem Kraftaufwand möglich, da es zuviel Reibung im Rohr erzeugt. Auch die sogenannten Nylon- oder Metallspiralen die als Einführhilfe angeboten werden, helfen hier nicht weiter. Aber ein Staubsauger an der Endöffnung des Leerrohres saugt ganz hervorragend einen Wollfaden oder eine Maurerschnur durch das Loch. Daran befestigt man dann die Einfuhrhilfe oder eventuell das Kabel selbst. Alleine ist diese Arbeit fast unmöglich auszuführen. Zu zweit hat man hier wesentlich mehr Erfolg

Kleister herstellen

* Kleister können Sie aus einem Teil Weizen- oder Roggenmehl und 15 Teilen kochendem Wasser herstellen.

Kreise exakt sägen

* Um einen exakten Kreis auszusägen, benötigen Sie lediglich einen Kreisanschlag und einen Nagel. Befestigen Sie Ihren Anschlag mit dem Nagel im Mittelpunkt des Kreisen, so dass der Nagel als Drehachse dient.

Kugelschreiber

* Ist Ihr Kugelschreiber verschmutzt und kleckst, sollten Sie keine Säuberungsversuche mit Papier oder mit den Fingern versuchen. Am besten säubert man die kleckende Spitze mit einem Zigarettenfilter.

Lacke, umweltfreundliche

* Kaufen Sie nur Lacke, die mit dem blauen Umweltengel versehen sind, beziehungsweise solche, die die Umwelt wenig belasten. Das sind z. B. Lacke, die Leinölfirnis oder Bienenwachs als Grundlage haben.

Lackschäden

* Kleine Lackschäden am Auto lassen sich mit einem feinen Pinsel gut ausbessern. Mit einem Glasradierer (wie ihn technische Zeichner verwenden) werden die Stellen schön blank und rostfrei. Anschließend mit Lack abtupfen.

Löcher bohren

* Wollen Sie in eine Wand mit einer Bohrmaschine Löcher bohren, so bitten Sie jemanden, Ihnen mit dem Staubsauger zu helfen. Während Sie bohren, hält Ihr Partner die Düse des Saugers direkt neben den Bohrer und fängt so den anfallenden Staub sofort auf. Falls Sie mehrere Löcher bohren müssen, die die gleiche Tiefe haben sollen, so umwickeln Sie den Bohrer an der Stelle mit farbigem Klebeband, bis zu der er in die Wand eindringen soll.

Malerrolle aufbewahren

* Möchten Sie Ihre Malerarbeiten für eine Pause unterbrechen, obwohl Ihre Malerrolle noch voller Farbe ist? Wickeln Sie die Rolle einfach in etwas Frischhaltefolie ein. So kann man die Rolle für ein paar Stunden lagern, ohne dass sie austrocknet.

Nagel, großer

* Will man einen besonders großen Nagel in die Wand schlagen, ohne dass dabei der Putz abfallen soll, empfiehlt es sich, den Nagel in heißes Wasser zu tauchen und vor dem Einschlagen mit Öl zu beträufeln.

Nägel einschlagen

* Wenn Sie sicher sein wollen, dass Sie mit einem Nagel, den Sie einschlagen wollen, keinen in der Wand verborgenen Metallträger treffen, hilft ein kleiner Taschenkompass. Halten Sie den Kompass an der betreffenden Stelle rechtwinklig zur Wand, und bewegen Sie ihn langsam entlang der Wandoberfläche. Schlägt die Kompassnadel aus, haben Sie einen Metallpfosten aufgespürt.

* In manchen Wänden halten die Nägel einfach nicht. Ärgern Sie sich nicht darüber, sondern wickeln Sie nasses Zeitungspapier um den Nagel und schlagen ihn dann in die Wand. Wenn das Zeitungspapier trocknet, wird es gipsartig fest, und der Nagel sitzt fest. Nägel bekommen Sie auch in das härteste Holz, wenn Sie sie vorher in Schmierseife tauchen oder mit Kernseife einreiben.

Nägel, kleine in die Wand schlagen

* Wenn man kleine Nägel in die Wand hämmern will, ohne sich auf die Finger zu hauen, kann man vorbeugen: einfach ein Holzstäbchen (Zahnstocher usw.) durchbrechen oder ein Stück dicke Pappe knicken und hiermit den Nagel beim Einschlagen festhalten.

Ölfarbenflecken

* Die Farbe so schnell wie möglich mit Terpentinersatz beseitigen, bevor sie im Stoff antrocknet. Anschließen in Seifenlauge waschen und mit klarem Wasser nachspülen. An den Händen beseitigt man Ölfarbe mit Terpentinersatz.

Ölfarbengeruch

* Ölfarbengeruch kann beseitigt bzw. vermieden werden, indem man Gefäße mit Salzwasser über Nacht aufstellt.

Ostereier färben

* Damit die Eier die Farbe richtig annehmen, reiben Sie sie vor dem Kochen mit Essigwasser oder Zitronensaft ab.

Paketschnur verstärken

* Nur eine Nacht in Alaunlösung eingelegt, und Ihre Paketschnur ist fast unzerreißbar. Sie sparen außerdem Geld, denn nun reicht auch für schwere Sendungen eine relativ dünne Schnur.

Petroleum

* Petroleum darf nicht in hellem Licht oder Sonne aufbewahrt werden. Petroleum an einem kühlen, dunklen und luftigen Ort aufbewahren. Brennendes Petroleum nicht mit Wasser löschen, sondern die Flammen mit einem Tuch oder Sand ersticken.

Pinsel pflegen

* Bei neuen Pinseln muss zunächst die Leimung, mit der die Borsten zusammengehalten werden, mit Wasser ausgewaschen werden. Pinsel, die für Öl- und Lackfarben gedacht sind, werden danach für ein bis zwei Tage

114

in Leinöl gehängt, damit die Borsten geschmeidig werden. Nach Benutzung kann ein Ölfarbenpinsel in Wasser gehängt werden, wenn später mit der gleichen Farbe weitergearbeitet werden soll. Bewahren Sie Pinsel immer liegend oder hängend auf, damit sich die Borsten nicht krümmen.

Pinsel reinigen

* Die Pinsel sollten sofort nach Gebrauch in einem entsprechenden Lösungsmittel, das kann auch Terpentinersatz oder Petroleum sein, ausgewaschen werden. Dann kann man sie in einer lauwarmen Seifenlauge nachwaschen.

Reifenpanne

* Damit Sie bei einer Reifenpanne nicht plötzlich mit zwei „Plattfüßen" dastehen, sollten sie ab und zu bei Ihrem Reservereifen den Luftdruck prüfen.

Rollo für „schräge" Fenster

* Ein gewöhnliches Schnapprollo dreht man um 90 Grad und passt seine Form in die Fensteröffnung ein. Es wird so von links nach rechts geschlossen und an der rechten Fensterlaibung im oberen Bereich in einen Haken eingehängt. Die Zugschnur wird durch einen Griff ersetzt. Damit sich das Rollo bequem aufrollen lässt, muss die Federspannung erhöht werden. Daher sollte man an die Montagelaibung links zusätzlich eine Leiste anbringen, die das weitere Aufwickeln des Rollos verhindert.

Rollogurt hält sicher

* Nimmt man zum Renovieren den Aufwickler des Rollladens aus der Wand, will die Federkraft den Wickler nach oben ziehen. Der Rollladen verabschiedet sich durch sein Eigengewicht nach unten und man steht im Dunkeln. Ein Nagel würde den Gurt beschädigen. Man löst das Problem mit zwei angezwickten Schnellschluss-Clipsen für Gefrierbeutel. Alles hält sicher, und der Gurt bleibt heil.

Sägeblätter

* Nach jedem Arbeitsgang müssen die Sägeblätter mit Öl eingerieben werden, um sie vor Rost zu schützen. Vor der Arbeit muss das Öl abgewischt werden, damit es keine Flecken gibt. Rost kann mit Stahlwolle und Terpentinersatz oder Spiritus entfernt werden. Sägeblätter gleiten besser, wenn sie mit Kerzenwachs, trockener Kernseife oder einer ungesalzenen Speckschwarte eingerieben werden. Sägeblätter sollten Sie nur hängend aufbewahren.

Schaumstoff schneiden

* An der Schnittstelle einen Strich ziehen, eine Latte anlegen und den Schaumstoff zusammenpressen. Jetzt kann man mit einem scharfen Messer ohne Mühe schneiden.

Schleifen mit Sandpapier

* Um die Schleifkraft des Sandpapiers zu erhöhen, zieht man es vor dem Schleifen mit der Rückseite über eine Kante. Zum Schleifen legt man das Sandpapier um einen Schleifkorken. Man beginnt mit einer groben Körnung und geht zu immer feineren Körnungen über. Schleifen Sie Holz immer in Faserrichtung und ohne starken Druck.

Schlüssel klemmt

* Lässt sich ein Schlüssel schwer im Schloss drehen, legt man ihn in warmes Seifenwasser. Dann trocknet man ihn gut ab und reibt ihn mit Paraffin ein.

Schlüssel mit Farbe markieren

* Viele Schlüssel und Sie wissen nie wo welcher passt? Dann kennzeichnen Sie doch die wichtigsten mit z.B. Nagellack. Kennzeichnen Sie allerdings nicht zu viele Schlüssel, sonst wissen Sie später erst recht nicht mehr, wo welcher Schlüssel hingehört.

Schränke, feuchte

* In feuchten Schränken kann sich leicht Schimmel bilden. Stellen sie eine Schale mit Holzkohle in den Schrank, die die Feuchtigkeit aufnimmt. Von Zeit zu Zeit die Holzkohle erneuern.

Schrauben

* Schraubenlöcher im Holz sind oft ausgeleiert. Wenn Sie dieselbe Schraube wieder eindrehen wollen, da Sie keine größere haben, hilft folgendes: Füllen Sie in das Loch etwas Holzleim, drehen die Schraube hinein und lassen ihn gut trocknen. Oder Sie wickeln einen Faden oder ganz wenig Stahlwolle um die Schraubenrille und drehen die Schraube ein. Schrauben lassen sich leichter eindrehen, wenn Sie vorher mit dem Gewinde an einem Stück Seife entlang streichen.

Schraubenköpfe, eingerostete

* Diese bekommen Sie wieder locker, wenn Sie sie mit Terpentin oder Petroleum einpinseln und dies danach kurz einwirken lassen.

Schraubenzieher magnetisch machen

* Eine Schraubenzieherspitze kann man ganz leicht selbst magnetisieren. Einfach den Pol eines Magneten mehrmals in die gleiche Richtung über die Spitze ziehen. So erleichtert es ihnen das Schrauben an schwer zu erreichenden Stellen. Die Magnetisierung können Sie auch ganz einfach wieder rückgängig machen: Ziehen Sie den gleichen Pol ihres Magneten wieder über die Spitze, diesmal aber in die andere Richtung.

Schubladen öffnen

* Ist der Griff einer Schublade abgebrochen, können Sie die Schublade mit einer Saugglocke, wie man sie zum Reinigen von Ausgüssen verwendet, öffnen.

Schubladen, klemmende

* Klemmende Schubladen gleiten wieder, wenn man etwas farbloses Kerzenwachs oder trockene Seife auf die klemmende Stelle streicht.

Sicherungen ausschalten

* Wenn Sie für einen Raum die Sicherung ausschalten müssen, aber nicht wissen welche, so stellen Sie in diesem Raum ein Radio in der Lautstärke ein, dass Sie es am Sicherungskasten noch hören können. Verstummt das Radio, haben Sie die richtige Sicherung ausgeschaltet.

Spaten, gebrochener

∗ Ist der Stiel Ihres Spatens abgebrochen, so drehen Sie eine lange Holz-schraube in den Stumpf und spannen diese in einen Schraubstock ein. Jetzt können Sie den Stumpf aus dem Spatenblatt ziehen.

Stempelkissen, eingetrocknete

∗ Eingetrocknete Stempelkissen werden wieder brauchbar, wenn man eini-ge Tropfen Glyzerin darauf gibt und auf dem Kissen verreibt.

Streichfarbe flüssig halten

∗ Farben trocknen leicht in gebrauchten Dosen an. So kann das nicht pas-sieren: Die gebrauchten Farbdosen sehr gut verschließen auf dem Deckel stehend lagern. So kann an die Farbe kein Sauerstoff dringen, und sie bleibt flüssig.

Streugut

∗ Wenn es im Winter geschneit hat und die Bürgersteige geräumt werden müssen, sollten Sie auf keinen Fall Streusalz verwenden. Gehen Sie bes-ser etwas gründlicher mit dem Schneeschieber ans Werk und streuen Sie dann großzügig Sand, Schotter oder Granulat. Dieser Weg erfordert zwar etwas mehr Arbeit, ist aber wesentlich umweltfreundlicher.

Styroporpaneele richtig kleben

∗ Möchte man seine Decken mit Styroporpaneelen verkleiden, so gilt es darauf zu achten, dass die alten Tapeten vorher unbedingt entfernt werden müssen. Will man seine Paneele evtl. später wieder entfernen, so ist es vom Vorteil vor dem Verkleben der Paneele neu zu tapezieren oder Zei-tung darunter mitzuverleimen.

Tapeten ohne Luftblasen

∗ Nach dem Tapezieren machen sich hässliche Luftblasen unter der Tapete bemerkbar? Nehmen Sie eine Rasierklinge und schneiden Sie die Stelle mit der Luftblase ein. Dann mit einem kleinen Pinsel etwas Kleister unter der Tapete verteilen und diese wieder gut andrücken. Kleisterrückstände auf der Tapete mit einem feuchten Lappen wegwischen.

Tapetenscheren

∗ Stumpf gewordene Tapetenscheren kann man wieder schärfen, indem man mit der Schere sehr feines Schleifpapier mehrfach durchschneidet.

Teerflecken auf Autos entfernen

∗ Tränken Sie die Flecken mit Leinöl, und lassen Sie sie einige Zeit einwirken. Der Teer wird dadurch weich und lässt sich mit einem in Öl getränkten Tuch entfernen.

Tischtennisbälle

∗ Tischtennisbälle und Zelluloidpuppen, die eingebeult sind, können Sie leicht wieder in Form bringen, wenn Sie sie kurz in sehr heißes Wasser legen.

Tubenkopf

∗ Lässt sich eine Tube nicht mehr öffnen, weil das Gewinde verklebt ist, hält man den Tubenkopf für einige Zeit in heißes Wasser.

Türklingeln, schrille

∗ Manche Türklingeln haben einen schrillen, unangenehmen lauten Ton. Abhilfe schaffte ein schmaler Streifen Heftpflaster, der innen um den Rand der Glocke geklebt wird. Das dämpft den Ton.

Türscharniere

∗ Ein gutes Mittel, mit dem Sie quietschende und schwergängige Türscharniere behandeln können, ist ein einfacher Bleistift. Reiben Sie mit seiner Spitze die Scharniere gut ein.

Vergaser

∗ Springt Ihr Auto an kalten Wintertagen nicht an, so versuchen Sie, es mit Hilfe eines Haarföns wieder flott zu machen. Richten Sie den heißen Luftstrahl des Föns auf den Vergaser; oft hilft dieser kleine Trick.

Wände streichen

∗ Damit Tür- und Fensterrahmen beim Streichen nicht mit Farbe beschmutzt werden, klebt man die Kanten, die an die Wand stoßen, mit

Klebeband ab. Decken sollten immer zuerst gestrichen werden, dann die Wände von oben nach unten.

Werbeantworten, frankierte

* Werfen sie frankierte Werbeantworten, für die kein Bedarf besteht, nicht weg. Mit Tipp-Ex überstreichen Sie die Anschrift und schreiben die auf den Brief, an die man schreiben will.

Zementboden ausbessern

* Neuer Zement zum Ausfüllen der Risse wird vom Boden nur dann gut angenommen, wenn die Risse vorher ausgemeißelt werden.

Ziernägel schützen

* Damit Ziernägel beim Einschlagen nicht verkratzt oder beschädigt werden, kleben Sie Leukoplast oder Kreppband auf den Hammerkopf.

Die besten Tipps für

Blumen und Garten

Ameisen

∗ Ameisen im Haus können Sie auf folgende Art vertreiben: Träufeln Sie auf ein Stück Karton Honig und legen Sie es neben (aber nicht auf) die Ameisenstraße. Viele Ameisen werden am Honig kleben bleiben. Legen Sie einen mit Essig getränkten Schwamm über Nacht neben die Ameisenstraße. Am nächsten Tag geben Sie den Schwamm in kochendes Wasser, um die darauf sitzenden Ameisen zu töten. Ameisen mögen keinen Zimt.

Aussaat

∗ Bei der Aussaat sollten Sie unbedingt die folgenden Regeln beachten: Jedes Samenkorn soll doppelt so dick mit Erde bedeckt sein, wie es selber dick ist. Flachere Bedeckung ist aber immer noch besser als zu dicke. Wichtig ist auch genügender Abstand des Saatguts voneinander, damit sich die Sämlinge gut entfalten können.

Auswahl von Zimmerpflanzen

∗ Bevor Sie eine Pflanze kaufen, erkundigen Sie sich genau nach den Umweltbedingungen, die sie benötigt. Wenn Sie nicht in der Lage sind, diese Bedingungen zu Hause herzustellen (z. B. hohe Luftfeuchtigkeit oder kühler, heller Standort), sollten Sie vom Kauf absehen, denn dann werden Sie an der Pflanze keine Freude haben. Bedenken Sie dies auch, wenn Sie Pflanzen verschenken.

Balkonbepflanzung

∗ Der Balkon kann das ganze Jahr hindurch bepflanzt sein: Im Frühjahr Krokus, Stiefmütterchen, Vergissmeinnicht. Im Sommer Pelargonien (Geranien), Fuchsien, Salvien; beliebt und preisgünstig sind Einjahresblumen wie Petunien, Lobelien, Studentenblumen. Im Winter Fichten, Mahonien, Erika.

∗ Pflege: genügend wässern, Vorrasdünger und Torf unter die Pflanzenerde mischen, von Juli an mit Kunstdüngerwasser einmal in der Woche gießen und abgeblühte Blüten regelmäßig entfernen.

Balkonblumen

∗ Bei blühenden Balkonpflanzen sollten Sie die verblühten Blüten regelmäßig vorsichtig abknipsen oder abschneiden, weil sie sonst Samen bilden und dabei wichtige Nährstoffe verbrauchen, die für die Entwicklung der Pflanzen und neuer Blüten wichtig sind. Die Blüten aber so vorsichtig entfernen, dass keine Triebe verletzt werden.

Basilikum

∗ Die Pflänzchen oder Samen am besten bei einem guten Gärtner kaufen und in lockerer, nährstoffreicher Erde ziehen. In großen Blumentöpfen gedeiht Basilikum besonders gut. Sonnig stellen und nicht von oben gießen, sondern Wasser in den Untersetzer oder in den Übertopf füllen. Beim Ernten stets ganze Triebe pflücken. Dann wächst das Kraut schön buschig nach.

Baumpflege

∗ Mindestens zweimal jährlich sollten Sie eine Kontrolle Ihrer Obstbäume und wertvollen Zierhölzer vornehmen. Dabei sollten Sie, wenn nötig, folgende Arbeiten ausführen: totes Holz entfernen, regelmäßigen Obstbaumschnitt vornehmen, entstandene Wunden mit Baumwachs bestreichen; in den Monaten zwischen Oktober und März die Stämme mit einer Baumbürste säubern.

Bepflanzte Töpfe

∗ Bepflanzte Töpfe während der Überwinterung nie direkt auf den Boden, sondern auf ein kleines Podest, z. B. aus Holzklötzen, stellen. Mit ausreichend großen Styroporplatten vor Temperaturschwankungen schützen. Die Pflanzen zusätzlich mit einer dicken Lage Zeitungspapier, Pappe oder Sackleinen vor dem Erfrieren schützen

Blattläuse bei Zimmerpflanzen

∗ 100 g getrocknetes Brennnesselkraut mit 3 l kochendem Wasser überbrühen, 15 Minuten ziehen lassen, durchseihen und auf 3 l Flüssigkeit auffüllen. Die Pflanze mit dieser Lösung besprühen: Bei Bedarf mehrmals wiederholen.

Blattläuse im Garten

* Pflanzen Sie zwischen Ihren Blumen Anis und Koriander. Lavendel, Tagetes, Bohnenkraut und Knoblauch zwischen die Rosen gepflanzt, vertreiben ebenfalls durch ihren Geruch Blattläuse. Sind Pflanzen von Blattläusen befallen, hilft ein gründliches Besprühen oder Übergießen mit einer Lösung aus 40 Gramm Alaun (in 1 Liter Wasser aufgelöst) und neun Liter Leitungswasser. Sie können aber auch in einem Liter Wasser etwas Schmierseife auflösen und einen Spritzer Spiritus dazugeben.

Blumen düngen

* Wenn Sie das nächste Mal Eier kochen, gießen Sie das Wasser nicht weg, sondern in die Gießkanne. Dieses Wasser enthält viele Nährstoffe, die Ihre Pflanzen brauchen.

Blumen frisch halten

* Vor allem in den Wintermonaten verblühen frische Schnittblumen in warmen Räumen besonders schnell. Man kann dies verhindern, indem man rohe Kartoffeln, in die zuvor kleine Löcher gebohrt wurden, in die Vase legt und die Blumenstängel hineindrückt. So halten die Blumen länger.

Blumen schneiden

* Von verholzten Stielen entfernen Sie zunächst die Rinde einige Zentimeter und klopfen dann die Stiele mit einem Hammer etwas breit. Weiche Stiele werden gerade, harte schräg abgeschnitten.

Blumen, stecken

* Um den Blumen in der Vase einen besseren Halt zu geben, binden Sie Blumendraht zu einem lockeren Knäuel und legen ihn auf den Boden der Vase. Den Draht können Sie aufbewahren und mehrmals verwenden.

Blumen, geknickte

* Wickeln Sie um die geknickte Stelle einfach einen durchsichtigen Klebestreifen.

Blumenkästen

∗ Hölzerne Blumenkästen halten länger, wenn man sie innen und außen mit Leinöl bestreicht. Dadurch saugt sich das Holz nicht so schnell voll, und der Befall mit Pilzen und die Verrottung wird verzögert.

Blumenwasser, riechendes

∗ Blumenwasser riecht oft unangenehm, vor allem, wenn die Blumenstiele anfangen zu faulen. Geben Sie ein Stück Holzkohle mit in das Blumenwasser, so wird kein Geruch entstehen.

Blumenzwiebeln aufbewahren

∗ Blumenzwiebeln oder -knollen die man im Winter aufbewahren muss (Gladiolen, Dahlien usw.), lassen sich gut in Früchte- oder Gemüsenetzen aus Plastik, die man im Keller aufhängt, aufbewahren.

Bohnen

∗ Es gibt Busch-, Stangen- und Feuerbohnen. Beim Pflanzen von Stangen- und Feuerbohnen darauf achten, dass eine Kletterhilfe installiert wird. Häufig gießen. Die ersten eigenen Bohnen können bereits nach 8 bis 10 Wochen geerntet werden. Vorsicht: Bohnen nur gekocht verzehren, roh sind sie giftig!

Brombeeren

∗ Am besten gedeihen Brombeeren auf dem Südbalkon, sie können aber zur Not auch auf einem Ost- oder Westbalkon kultiviert werden. Brombeeren haben schöne weiße Blüten. Es gibt eine dornenfreie Variante im Handel, die gut für Balkon und Terrasse geeignet ist.

Düngen

∗ Verbrauchte Teeblätter oder Teebeutel nicht wegwerfen, sondern zur Düngung von Farn verwenden. Abgestandenes Mineralwasser nicht wegschütten, sondern Topfpflanzen damit gießen. Tut man dies regelmäßig, blühen die Blumen schöner. Besonders Sommerblumen wie Geranien, Begonien, Tausendschön, Tagetes mögen Kaffeesatz in der Erde. Man rechnet pro Meter Balkonkasten etwa zwei bis drei Hände voll Kaffeesatz. Auch Gartenblumen mögen diesen Dünger gern. Eierschalen, fein zerstoßen, sind als kohlensaurer Kalk ein guter Zusatzdünger, besonders für Erbsen und Bohnen. Lassen Sie Eierschalen zugedeckt einen Tag im Gießwasser ziehen. Dieses Wasser ist ein guter Dünger für Ihre Pflanzen.

Düngen im Garten

* Mineraldünger können Sie durch Kompost ersetzen (siehe Hausmüll). Es gibt aber auch inzwischen bei vielen Mülldeponien in Säcken abgefüllten Kompost zu kaufen. Sobald Ihre Gemüsebeete abgeerntet sind, können Sie Gründüngerpflanzen (im Samenfachhandel erhältlich) säen. Nicht winterharte Gründüngerpflanzen gehen mit den ersten Frösten ein und können dann leicht unter den Boden gehackt werden. Winterharte Gründüngerpflanzen werden im Herbst gesät und im Frühjahr abgeschnitten. Sie kommen auf den Kompost oder werden als Mulchmaterial verwendet.

Efeu

* Klebrige Efeublätter deuten auf einen Nährstoffmangel der Pflanze hin. Zur Abhilfe düngt man regelmäßig und/oder topft die Pflanze in neue Erde um.

Einjährige

* Einjährige Sommerblumen lassen sich manchmal weiter kultivieren. In den meisten Fällen lohnt sich diese Mühe aber nicht, deshalb gräbt man die Einjährigen nach der Blüte aus und kann das Beet für Herbstpflanzen nutzen oder bereits fürs nächste Frühjahr vorbereiten.

Endivie

* Am besten Setzlinge kaufen und mit etwa 25 Zentimeter Abstand einpflanzen. Sonnig und windgeschützt stellen. Geerntet wird im Herbst.

Erdbeeren

* Großfruchtige Sorten sind im Frühjahr oder August als Jungpflanzen zu erwerben. Am besten gedeihen sie an einem sehr sonnigen Standort. Die Pflänzchen häufig gießen und nach 6 Wochen das erste Mal düngen.

Erikatopfpflanzen
∗ Die Blüten der Erika werden nicht braun, wenn die sie im Schatten steht.

Farne im Zimmer
∗ Farne sehen sehr dekorativ aus, aber nur, wenn sie gut gepflegt und gesund sind. Damit ihr Wuchs gleichmäßig bleibt, müssen sie ab und zu gedreht werden. Dünner schwarzer Tee oder eine leichte Kochsalzlösung (4 Esslöffel Salz auf ¾ Liter Wasser) sind gute Dünger für Farne.

Farnpflege
∗ Am besten gedeiht der Farn, wenn man seinen Topf in einen großen Übertopf mit feuchtem Torf stellt. Wegen der Geruchsbildung ist das nicht immer möglich, daher stellt man den Farn am besten einmal pro Woche für zwölf Stunden in ein nicht zu kaltes Wasserbad. Das Wasser zum Gießen des Farns sollte entkalkt oder zumindest kalkarm sein. Über regelmäßiges Besprühen mit einem Wasserzerstäuber freut er sich.

Feldsalat
∗ Dieser Wintersalat kann in jedem Boden und an jedem Standort gezogen werden. Aussaattermin ist von Anfang August bis Anfang September. Regelmäßig gießen und häufig mit organischem Dünger versorgen.

Flieder in der Vase
∗ Leider hält sich der Flieder oft nicht lange in der Vase. So können Sie mehr Freude an Ihrem Fliederstrauß haben: Schälen Sie die Rinde etwa 5 cm hoch ab und stellen Sie die Stiele für einige Minuten in etwa 35 Grad warmes Wasser; erst danach in die Vase stellen. Übrigens sollten Sie nie Knospen schneiden, sie gehen in der Vase nicht auf. Flieder hält sich auch länger, wenn man die Stängel mit einem scharfen Messer längs einschneidet und etwas Zucker ins Wasser gibt. Außerdem reichlich Blattgrün entfernen.

Gießen im Garten
∗ Gießen Sie Ihre Pflanzen im Garten in den kühleren Abendstunden oder am frühen Morgen. Es ist wirksamer und ausreichend, alle paar Tage einmal gründlich zu gießen, statt jeden Tag oberflächlich.

Gießen von Zimmerpflanzen

* Um chlorfreies und kalkarmes Wasser zu bekommen, können Sie ein mit Wasser gefülltes Gefäß mit weiter Öffnung ins Freie stellen. Dabei verflüchtigt sich das von den Pflanzen nicht sonderlich geschätzte Chlor (gibt braune Flecken) und der Kalk setzt sich am Boden ab. Eine weitere Möglichkeit der Entkalkung ist das Abkochen. Zimmerpflanzen mögen kein kaltes Wasser, es sollte Zimmertemperatur haben. Schütten Sie Reste von Mineralwasser oder das Kochwasser von Eiern nicht weg, sondern gießen Sie damit Ihre Pflanzen. Sie werden es Ihnen durch schnellen, kräftigen Wuchs danken. Wie bei den Pflanzen im Garten ist es besser, einmal gründlich statt häufig oberflächlich zu gießen. Ist der Erdballen völlig ausgetrocknet, hilft nur ein Tauchbad. Dazu stellen Sie den Blumentopf in einen Eimer Wasser, so dass der Topf völlig mit Wasser bedeckt ist. Lassen Sie ihn so lange darin, bis keine Luftblasen mehr aufsteigen. Knollen- und Zwiebelgewächse müssen von unten gegossen werden, sonst können sie leicht faulen.

Glanz für Blattpflanzen

* Statt Blattglanzspray zu verwenden, können Sie Ihre Pflanzen mit abgekochter Milch pflegen. Geben Sie etwas Milch auf einen weichen Lappen oder Schwamm und wischen Sie die Blätter damit ab. So werden sie entstaubt und bekommen einen natürlichen Glanz. Auch Glyzerin oder Bier eignen sich. Ein paar Tropfen auf ein Tuch geben und die Blätter damit vorsichtig abwischen.

Gras zwischen den Platten

* Gras und Unkraut zwischen Gartenplatten können Sie mit einer Salzlösung beseitigen. Lösen Sie in einem Liter Wasser einen gehäuften Esslöffel Bullrichsalz auf und begießen Sie damit das Gras. Der pH-Wert des Bodens wird erhöht und verhindert so das Nachwachsen des Unkrauts.

Gummibaum

* Die Pflanze liebt einen hellen Standort; im Sommer sollte man sie möglichst ins Freie stellen. Stehen große Pflanzen zu tief im Licht, sterben die unteren Blätter wegen Lichtmangel ab. Bilden sich sehr kleine Blät-

ter aus, ist das ein Zeichen für Nahrungsmangel. Lederartige Blätter öfter abwaschen, um Staub und Ungeziefer zu entfernen. Alte Gummibäume verjüngt man ganz einfach dadurch, dass der obere Teil des Stammes abgeschnitten wird. Nach einiger Zeit entwickeln sich Seitentriebe. Die abgeschnittenen Teile kann man als Setzlinge behandeln, sie also einpflanzen.

Hortensien

* Hortensien im Haus und Garten bekommen wieder neue Blüten, wenn man um den Wurzelballen einige rostige Nägel legt. Dadurch ist der Eisenmangel behoben und die Hortensien blühen wieder wunderbar.

Johannisbeeren

* Pflanzzeit ist im Frühjahr oder Herbst. Rote und weiße Sorten sind für die Aufzucht auf Balkon und Terrasse besser geeignet als schwarze. An die Ost- oder Westseite stellen, reichlich gießen und bis zur Ernte düngen.

Kakteen

* Kakteen sollen in einem Raum bei acht bis zehn Grad überwintern. Die Pflanzen auch nach der Winterruhe trocken halten, aber in einen helleren Raum stellen. Im Frühjahr wird langsam wieder mehr gegossen, und ab Juni sollte wieder regelmäßig gedüngt werden. Kakteen nicht zu oft umtopfen, da sonst die ganze Kraft für die Wurzelbildung im neuen Topf verbraucht wird. Richtwert: Junge Kakteen etwa alle zwei, ältere alle drei bis vier Jahre umtopfen. Der Topf sollte immer nur eine Nummer größer sein. Kakteen nehmen Wasser nicht nur über die Wurzeln auf, sondern auch aus der Luft. Mit einer Blumenspritze die Kakteen regelmäßig besprühen.

Kapuzinerkresse

* Im Frühjahr in sandigen Boden ausgesät erfreut die Kapuzinerkresse wegen ihrer prächtigen, essbaren Blüten. An einen sonnigen Platz stellen, häufig gießen und nach Bedarf ernten. Die rankenden Sorten eignen sich auch bestens als Sichtschutz an einem Spalier.

Klematis, winterfeste

* Die Pflanze vor dem Winter mit humusreicher Erde hoch anhäufeln und auf etwa zwei Drittel zurückschneiden.

Knoblauch

* Einige Knoblauchzehen im April etwa 2 Zentimeter tief an einem sonnigen Standort in die Erde stecken. Knoblauch kommt mit wenig Wasser und ohne Dünger aus. Etwa im August, wenn das Laub der Pflanze vergilbt ist, kann geerntet werden.

Knospenbefall

* Wenn bei Pflanzen plötzlicher Knospenbefall auftritt, ist das ein Zeichen, dass zu geringe Luftfeuchtigkeit herrscht.

Kornblumen im Winter

* Kornblumen kann man für den Winter im Zimmer ziehen. Im Juni bis Ende Juli Samen in einen Topf mit Gartenerde pflanzen. Sobald die ersten grünen Pflänzchen erscheinen, auf vier bis fünf pro Topf auslichten. Die Töpfe warm und in reichlich Licht stellen. In den Wintermonaten entfalten sie dann ihre Blütenpracht.

Laubdekoration

* Herbstliches Laub oder hübsche Gräser lassen sich den ganzen Winter über schön halten, wenn man sie einmal mit reichlich Haarspray (FCKW frei) übersprüht. Oder stellen Sie das Laub in eine Lösung aus Wasser und Glyzerin. Dazu verrühren Sie Glyzerin und heißes Wasser im Verhältnis 1:3. Verholzte Laubzweige müssen mit einem scharfen Messer neu angeschnitten werden, damit die Lösung besser eindringen kann.

Luftwurzeln

* Einige Pflanzen, z.B. das Fensterblatt, bilden am Stängel sogenannte Luftwurzeln aus, die Feuchtigkeit und Gase aus der Luft aufnehmen. Sie dürfen nicht entfernt werden. Lange Luftwurzeln, die den Boden berühren, können dort wurzeln.

Maiglöckchen

∗ Maiglöckchen tief in kühles Wasser stellen. Nicht mit anderen Blumen zusammen in eine Vase stellen; sie lassen die anderen Blumen früher welken.

Majoran

∗ Majoran gedeiht besonders gut in einem großen Topf mit leichter, humusreicher Erde. Er braucht einen sonnigen Standort und viel Feuchtigkeit. Geerntet wird das Kraut hauptsächlich im Sommer vor der Blüte.

Mandelbäumchen

∗ Mandelbäumchen sollten Sie nach dem Verblühen fast vollständig zurückschneiden. Um so kräftiger werden sie wieder austreiben und im folgenden Jahr entsprechend üppig blühen.

Maulwürfe

∗ Maulwürfe im Garten können zu einer wahren Plage werden. Sie können sie vertreiben, wenn Sie Holunderzweige in ihre Löcher und Gänge stecken. Maulwürfe stehen übrigens unter Naturschutz, daher nie Giftstoffe einsetzen.

Minze

∗ Junge Pflanzen in feuchten Boden mit Humus einsetzen. Alle Minzearten gedeihen besonders gut im Halbschatten.

Mulchen

∗ Durch Mulchen schützen Sie Ihren Gartenboden vor allen Witterungseinflüssen, erhalten dem Boden die Feuchtigkeit und lassen ihn locker und krümelig werden. Zum Mulchen eignen sich Heu, Stroh, Grasschnitt, Laub oder gehäckselte Rinden und Zweige (Mulchmaterial gibt es auch fertig zu kaufen). Anfang Mai können Sie mit dem Mulchen beginnen, dann hat sich der Boden genügend erwärmt. Das Mulchmaterial darf nicht die Pflanzen berühren, da sie sonst faulen können. Wer viele Schnecken im Garten hat, sollte nur dünn mulchen, um ihnen keinen zusätzlichen Unterschlupf zu bieten.

Narzissen

* Narzissen halten sich in der Vase viel länger, wenn Sie die Stiele zuvor für fünf Minuten in heißes Wasser stellen. Da frischgeschnittene Narzissen Schleim absondern, den andere Blumen nicht vertragen, sollten Sie Narzissen erst einen Tag alleine in eine Vase stellen, um sie dann mit den anderen Blumen zu mischen.

Nelken

* Nelken halten etwa zehn Tage länger, wenn man sie statt in Wasser in Zitronenlimonade stellt.

Obstbäume, kranke

* Krebs an Obstbäumen kann unter Umständen geheilt werden, wenn man die befallenen Stellen mit Holzessig bestreicht. Diese Behandlung hilft auch gegen Harzfluss an Pfirsichbäumen.

Orchideen

* Orchideenblüten stellen Sie immer in lauwarmes Wasser an einen geschützten Platz; sie vertragen keinen Zugluft und keine Temperaturschwankungen.

Petersilie

* Samen in lockeren, nährstoffreichen Boden säen. Erst nach ca. 6 Wochen zeigt sich das erste Grün. Feucht und halbschattig steht Petersilie am besten.

Porreezucht

* Die abgeschnittenen Wurzeln von Porree nicht wegwerfen, sondern in einen Topf mit Erde setzen. Der Porree wächst nach und kann nach Bedarf abgeschnitten werden.

Rasen mähen

* Mähen Sie nur dann, wenn der Rasen trocken ist. Lässt sich das nicht einrichten, und der Rasen muss in feuchtem Zustand gemäht werden, reiben Sie die Messer des Rasenmähers mit Salatöl ein. Das feuchte Gras bleibt dann nicht daran hängen, und die Messer reißen das Gras nicht aus.

Rosen

∗ Rosen, die die Köpfe hängen lassen, können Sie noch einmal auffrischen, indem Sie die Stiele für etwa fünf Minuten in heißes Wasser halten und dann direkt wieder in eine mit frischem Wasser gefüllte Vase stellen. Eine andere Möglichkeit: Schneiden Sie die Rosen frisch an, und legen Sie sie über Nacht in eine Wanne mit kaltem Wasser.

Salat

∗ Ein Schießen des Salats kann gebremst werden, wenn man den Strunk kurz über der Erde bis zur Hälfte mit einem Messer einschneidet.

Salbei

∗ Jungpflanzen in trockene, durchlässige Erde setzen und an einen sehr sonnigen und windgeschützten Platz stellen.

Sanddorn

∗ Ein orangefarbener Sanddornzweig wirkt in der Blumenvase ausgesprochen attraktiv. Er verträgt sich aber nicht mit Schnittblumen im selben Zimmer. Sanddorn verströmt ein Gas, das Schnittblumen unweigerlich eingehen lässt.

Schädlingsbekämpfung bei Topfpflanzen

∗ Würmer, Läuse und andere Schädlinge in der Erde einer Topfpflanze werden mit sechs bis acht Streichhölzern, die man mit dem Kopf nach unten in den Topf steckt, bekämpft. Der Schwefel vernichtet die Tiere, ohne der Pflanze zu schaden. Sobald sich der Schwefel an den Köpfen aufgelöst hat, Streichhölzer erneuern.

Schädlingsbekämpfung im Garten

∗ Sie können auf chemische Schädlingsbekämpfungsmittel verzichten, wenn die Schädlinge (Blattläuse, Schnecken usw.) gar nicht erst auftauchen. Das ist bei Mischkultur von Pflanzen der Fall, die sich gegenseitig schützen. Gut zusammen passen: Blumenkohl und Lauch, Sellerie oder Zwiebeln; Bohnen und Knoblauch; Karotten und Lauch oder Zwiebeln; Kartoffeln und Dill oder Meerrettich; Kohl und Tomaten oder Dill, Minze, Thymian; Petersilie und Tomaten; Salat, Radieschen oder Rettich; Tomaten und Basilikum.

Schildläuse bei Zimmerpflanzen

* Schildläuse können Sie mit folgender Brühe bekämpfen: Einen halben Teelöffel Haushaltsspülmittel und einen Esslöffel Brennspiritus in einen Liter warmes Wasser geben. Die Pflanzen damit besprühen.

Schimmel im Blumentopf

* Schimmel im Blumentopf entsteht durch Staunässe. Er lässt sich verhindern, wenn man etwas Sand auf die Erde streut.

Schnecken

* Schnecken können zur Plage im Garten werden. Dagegen können sie sich aber auch ohne Schneckenkorn wehren: Stellen Sie „Bierfallen" auf. Dazu füllen Sie Bier in leere Joghurtbecher und graben diese zwischen den Pflanzen so ein, dass der Becherrand mit der Erde abschließt. Streuen Sie Sand oder Lavagranulat um die Pflanzen, da die Weichtiere lieber auf feuchtem und glattem Untergrund kriechen. Sie können auch Schneckenzäune aufstellen. Diese bestehen aus Kunststoff oder nichtrostendem Metall und sind oben nach außen umgebogen – eine unüberwindbare Hürde. Schnecken sind Nachttiere und kommen erst in der Dämmerung heraus. Sie können die Schnecken bei einsetzender Dunkelheit oder ganz früh am Morgen von Pflanzen und vom Boden absammeln.

Schnittblumen

* Auch wenn sie besonders frisch wirken, dürfen Blumen für die Vase niemals bei Regen geschnitten werden. sie fallen unweigerlich zusammen. Beste Schnittzeit: so früh wie möglich an einem sonnigen Morgen.

* Schnittblumen welken nicht so schnell, wenn man frische Tannenzweige mit in die Vase steckt.

* Blumen können Sie für einige Stunden mit auf Reisen nehmen. Wickeln Sie um die Stiele nasse Watte oder nasses Haushaltpapier und darum eine Plastiktüte, die Sie oben so zusammenbinden, dass keine Feuchtig-

keit nach außen dringen kann. Alle Blätter, die in der Vase im Wasser stehen würden, muss man entfernen, weil sie sonst zu faulen beginnen.
* Schnittblumen halten sich länger frisch, wenn sie vor dem Einstellen in die Vase um etwa zwei Zentimeter gekürzt und die Schnittflächen kurz in heißes Wasser getaucht werden. Auch bleiben sie länger frisch, wenn Sie etwas Salz, eine zerdrückte Aspirintablette oder einen Kupferpfennig in das Wasser geben. Wenn Sie Schnittblumen über Nacht kühl stellen, verlängern Sie damit die Lebensdauer der Blüten beträchtlich.

Schnittlauch
* Pflanzen kaufen und in kalkhaltigen Boden setzen. Am besten im Winter nach draußen stellen und richtig durchfrieren lassen, dabei ab und zu gießen. Noch vor der Blüte ernten.

Seerosen überwintern
* Im Spätherbst die Seerosen aus dem Gartenteich nehmen und in Containern im kühlen Keller überwintern lassen.

Spätblühende Stauden
* Stauden wie Astern und Chrysanthemen bei Bedarf auch im September noch wässern. Ende September allerdings zurückschneiden, damit sie sich nicht „totblühen".

Spinnmilben
* Die Schalen von zwei Zwiebeln mit einem Liter heißem Wasser überbrühen. Nach dem Erkalten diese Brühe auf die Pflanzen sprühen; die Spinnmilben verschwinden.

Stachelbeeren
* Stachelbeeren sind gegen Ende Mai so weit, dass ein Teil grün geerntet werden kann. Je Strauch aber immer nur höchstens ein Drittel ernten.

Stammfäule bei Zimmerpflanzen
* Die Stammfäule kann auftreten, wenn die Pflanzen zu tief gepflanzt sind oder mit zu kaltem Wasser gegossen werden. Daher sollten Sie beim Um-

topfen immer darauf achten, die Pflanzen nur so hoch einzupflanzen, wie sie im alten Topf gestanden haben. Das Gießwasser sollte immer für alle Pflanzen Zimmertemperatur haben.

Stickstoffmangel bei Pflanzen
* Bei Stickstoffmangel werden die Blätter der Pflanzen hell- bis gelbgrün, der Wuchs kümmernd. Sie sollten Ihre Düngung dann auf stickstoffbetonten Dünger umstellen.

Stickstoffüberschuss bei Pflanzen
* Bekommt eine Pflanze zu viel Stickstoff, dann sehen alle Pflanzenteile dick und weich aus. Die Blätter entfalten sich üppig, es gibt aber keine oder nur wenige Blüten. Düngung umstellen.

Tannenbäume
* Geschlagene Tannenbäume bleiben länger frisch, wenn man sie in ein Gefäß mit feuchtem Sand steckt. Man kann sie auch in einen Kübel mit Wasser, dem etwas Glyzerin beigegeben wurde, stellen.

Tannenzweige
* Tannenzweige bleiben länger grün, wenn man sie einige Zeit in lauwarmes Wasser stellt und dann die Schnittenden mit Siegellack bestreicht.

Teeblätter als Rosendünger
* Blätter von überbrühtem Tee ergeben einen guten Dünger für Rosen.

Tee gegen Blattläuse
* Die Reste von kräftig aufgebrühtem Schwarztee nicht wegschütten, sondern auf von Blattläusen befallene Pflanzen sprühen. Blattläuse mögen keinen Tee.

Thymian
* Thymian bevorzugt eine Mischung aus $1/3$ Erde und $2/3$ Sand. Das mehrjährige Kraut braucht einen sonnigen Platz. Man kann das ganze Jahr über ernten, im Winter nicht zu oft, um die Pflanze nicht unnötig zu schwächen.

Tomaten

* Spezielle, gedrungene Balkontomaten sind im Handel erhältlich. Vorgezogene Pflanzen Ende Mai einsetzen und an einen warmen Sonnenplatz stellen. Alle Geiztriebe mit den Fingern entfernen. Dann kann man früher ernten und erhält größere Tomaten.

Tulpen

* Tulpen lassen den Kopf nicht so schnell hängen, wenn man nur wenig Wasser in die Vase gibt und mit einem scharfen Messer den Stiel direkt unter der Blüte einritzt. Den Wasserstand täglich kontrollieren.

Umtopfen

* Blühende Pflanzen sollten immer nach Ende der Blühzeit umgetopft werden. Verwenden Sie einen 1 oder 2 Nummern größeren Topf. Damit die Pflanzen das Umtopfen gut überstehen und schnell weiterwachsen, sollten Sie die neue Erde gründlich wässern.

Usambaraveilchen

* Liebhaber der Usambaraveilchen können noch jahrelang Freude an ihrer Pflanze haben, wenn sie das Veilchen nach der Blütezeit in eine Blumenschale aus Ton umpflanzen. Das Usambaraveilchen darf nur über den Untersetzer gegossen werden, weil sonst die Stängel leicht zu faulen beginnen. Wenn Wasser auf die Blüten kommt, gibt das hässliche Flecken.

Wasserpflanzen

* Wasserpflanzen im Gartenteich neigen dazu, wild zu wuchern. Die Pflanzen deshalb in einem Gefäß (Container) ins Wasser setzen. Dies hat den zusätzlichen Vorteil, dass man nicht winterharte Pflanzen auf einfache Weise im Herbst aus dem Teich nehmen und zum Überwintern ins Haus bringen kann.

Wespenfalle

* Lassen Sie einen Rest Bier in der Flasche und stellen Sie diese auf. Die Wespen werden von dem Geruch angelockt; sind sie einmal in der Flasche, kommen sie nicht mehr heraus.

Wühlmäuse

∗ Wühlmäuse lassen sich aus dem Garten vertreiben, wenn man leere kleine Bierflaschen so in ihre Gänge steckt, dass der Flaschenhals noch herausragt. Durch den Wind wird ein Pfeifton erzeugt, den die Wühlmäuse nicht vertragen können. Wühlmäuse verschwinden aus Ihrem Garten, wenn Sie Knoblauch anpflanzen, da sie den Geruch nicht mögen.

Zimmerpflanzen

∗ Die meisten Zimmerpflanzen vertragen keine Zugluft, vor allem wenn sie blühen. Lüften Sie im Winter, besonders an Tagen mit strengem Frost, nur sehr vorsichtig, sonst kann es passieren, dass Ihre Pflanzen innerhalb kurzer Zeit erfrieren. Die meisten Pflanzen stehen auch nicht gern in der prallen Sonne. Sorgen Sie im Sommer für Schatten, damit Ihre Pfleglinge nicht verbrennen.

Zimmerpflanzen im Urlaub

∗ Müssen Sie Ihre Zimmerpflanzen im Urlaub alleine lassen, können Sie sie auf folgende Art mit Wasser versorgen: Stellen Sie einen Eimer Wasser etwas erhöht über Ihre Topfpflanzen. Hängen Sie einen recht dicken Wollfaden mit dem einen Ende bis auf den Boden des Eimers, das andere Ende graben Sie etwas in die Topferde ein. Der Faden wird zum „Wasserträger" und versorgt Ihre Pflanze mit der nötigen Feuchtigkeit.

Zimmertannen

∗ Die Tannen entwickeln sich im Sommer im Freien am schönsten, wenn sie einen hellschattigen Standort haben, an dem auch gelegentlich der kühle Nachttau auf sie einwirken kann.

Zwiebeln ernten

∗ Zwiebeln nach dem Absterben des Laubs im August bis September ausgraben und trocknen lassen, später putzen und kühl lagern.

Die besten Tipps für

Gesundheit und Schönheit

Abkühlung

✳ Bei heißem Wetter finden Sie schnell Abkühlung durch ein kaltes Armbad oder wenn Sie den Puls unter kaltes Wasser halten.

Akne

✳ Bei Akne kann helfen, Heilerde: Das Pulver mit warmem Wasser zu einem dicken Brei vermischen. Etwa 1 bis 2 Millimeter dick auf die betroffenen Hautstellen streichen. 20 bis 30 Minuten einwirken lassen und anschließend mit reichlich lauwarmem Wasser entfernen. Lavendelöl: 5 Tropfen Lavendelöl mit 2 Esslöffeln Mandelöl vermischen. Zweimal täglich Aknestellen damit betupfen. Knoblauch: Knoblauchzehe aufschneiden und damit die unreinen Hautstellen befeuchten.

Angina

✳ Bei Halsentzündung helfen Halswickel mit Magerquark; Gurgeln mit Salbeitee, Heidelbeer- oder Kamillentee; Heilerde.

Apfelpackung

✳ Eine Apfelpackung tut jeder Haut gut, da die in Äpfeln enthaltenen Pektine die Feuchtigkeitsaufnahme der Haut steigern. Reiben Sie einen Apfel auf einer Glasreibe und verrühren Sie ihn mit einem Esslöffel Stärkemehl. Die Masse auf Gesicht und Hals auftragen und etwa 20 Minuten einwirken lassen.

Apfelschalentee

✳ Apfelschalen sollten Sie nicht wegwerfen. Man kann daraus einen guten, nervenberuhigenden Tee zubereiten.

Aufstoßen

✳ Bei saurem Aufstoßen hilft sofort ein halbes Glas lauwarmes Wasser mit einem halben Teelöffel Bullrich-Salz. Man kann es auch mit dem Verzehr eines kleinen Stücks einer rohen Kartoffel versuchen.

Augenbrauen zupfen

* Damit das Augenbrauenzupfen nicht so weh tut, reiben Sie die Augenbrauen vorher kräftig zwischen Daumen und Zeigefinger hin und her.

Augen-Make-up

* Augen-Make-up haftet besser und zerläuft nicht, wenn Sie die Lider vorher leicht pudern. Ihr Kunstwerk hält auch länger als sonst, wenn Sie nach dem Schminken ein mit Mineralwasser getränktes Papiertaschentuch leicht auf die Augenpartie tupfen.

Babyöl

* Ist das Babyöl ausgegangen, können Sie auch Sonnenblumenöl verwenden. Es ist nicht nur ein vollwertiger und wesentlich billigerer Ersatz, sondern es hat sich auch bei Wundsein ausgezeichnet bewährt.

Bauchschmerzen

* Wenn Verdacht auf eine Blinddarmentzündung ausgeschlossen ist, können Kamillen-, Kümmel- oder Melissentee helfen, auch eine Mischung dieser drei Tees sowie Kompressen mit Kamille oder Scharfgarbe.

Bienen- und Wespenstiche

* Um das Gift aus der Wunde herauszubekommen, hilft ein einfaches Hausmittel: Legen Sie ein angefeuchtetes Stück Würfelzucker auf den Stich. Der Zucker zieht Flüssigkeit und damit auch das Gift aus der Wunde. Auch der Juckreiz lässt nach dieser Behandlung rasch nach.

Blähungen

* Ein altes Hausmittel empfiehlt, aus je 1 Teelöffel Fenchel oder gemahlenem Kümmel sowie Pfefferminze, Anis, Koriander oder Alantwurzel einen Tee zuzubereiten und diesen vor dem Schlafengehen zu trinken. Außerdem helfen Kompressen mit Kümmelöl. Des weiteren hilft ein Bauchwickel: Ein Leinentuch in warmes Wasser tauchen, gut ausdrücken, zusammenfalten und auf den Bauch legen. Ein Wolltuch darüber legen und zudecken.

Blasen

* Blasen an Händen und Füßen heilen schneller, wenn man ein alkoholge-
tränktes Tüchlein auf die betroffenen Stellen bindet und über Nacht einwirken lässt.

Blutdruck, niedriger

* Melissentee: 3 Teelöffel Melissenblätter mit ¼ Liter kochendem Wasser
übergießen, 10 Minuten ziehen lassen und dann abseihen. Trinken Sie
über den Tag verteilt, drei Tassen des ungesüßten Tees.

Blutdruck, hoher

* Misteltee: 1 gehäuften Teelöffel Mistel mit ¼ Liter kaltem Wasser übergießen, 10 bis 12 Stunden ziehen lassen und dann abseihen. Trinken Sie
täglich lauwarm und schluckweise 2 Tassen von dem Tee.

Braun bleiben

* Pflegen Sie Ihre gebräunte Haut mit frischer Milch und Karottensaft. Das
tut ihr gut, nährt sie und verlängert das Braunsein auf natürliche Weise.

Bronchitis

* Inhalation: 1 kleine Hand voll Teekräuter mit ½ bis 1 Liter siedendem
Wasser übergießen, Kopf über den Topf beugen, ein Tuch darüber decken, die Dämpfe tief durch Nase und Mund einatmen. Senfwickel: 2
bis 3 gehäufte Esslöffel Senfmehl (aus der Apotheke) mit 3 bis 4 Liter
kaltem Wasser ansetzen, nach 10 Minuten mit heißem Wasser auffüllen,
bis 48 °C erreicht sind. Ein Leinentuch mit dem Sud tränken und auf den
Rücken oder Brust legen. Ein Wolltuch darumwickeln. Etwa 10 bis 20
Minuten einwirken lassen, diesen Wickel einmal täglich anwenden. Die
Haut danach gründlich mit lauwarmem Wasser abwaschen und eincremen. Sofort warme Kleidung anziehen oder gut abdecken.

Brennnesseln

* Wer mit Brennnesseln in Berührung gekommen ist, sollte die betroffenen Hautpartien mit einer Fettcreme einreiben. Die Schwellungen gehen
dann schneller zurück.

* Gegen Schuppen und für den Haarwuchs hilft Brennnesselsaft: Kochen Sie ein Pfund Brennnesseln in einem halben Liter Wasser auf, lassen es erkalten und gießen es dann durch ein Sieb. Den Haarboden damit gut einreiben.

Brillengläser

* Brillengläser beschlagen nicht mehr, wenn man sie ab und zu mit ganz wenig Glyzerin einreibt. Anschließend mit einem feinen Lederläppchen nachreiben. Schlieren auf Brillengläsern verschwinden, wenn man einen Tropfen Essig oder Wodka auf die Gläser gibt.

Durchfall

* Versuchen Sie es mit schwarzem Tee; Blutwurztee; Tee von echtem Thymian; Heidelbeertee; Heublumenpackung; Kohletabletten.
* Waschen Sie einen Apfel und reiben ihn anschließend samt Schale klein. Essen Sie den Apfel erst, wenn sich die Raspeln braun verfärbt haben. Trinken Sie mehrmals täglich Tee oder Mineralwasser in dem 1 Esslöffel Heilerde aufgelöst wurde.
* Kochen Sie sich eine Kartoffel-Möhren-Suppe: Zerkleinerte Kartoffeln und Möhren im Verhältnis 2:1 mit Wasser bedeckt 20 Minuten kochen. Das Gemüse zerdrücken und mit sehr wenig Salz mild abschmecken. Auf keinen Fall mit Pfeffer würzen. Die Suppe hilft vor allem bei kurzzeitigem Durchfall, um die Schleimhäute zu beruhigen. Durch den Flüssigkeitsverlust gehen dem Körper Elektrolyte, vor allem Kochsalz und Kalium verloren, die rasch ersetzt werden müssen.

Ellenbogen pflegen

* Unschöne Rötungen oder Hornhautbildung an den Ellenbogen muss nicht sein. Erwärmen Sie in einem Wasserbad zwei Kompottschüsselchen mit jeweils etwa 70 Gramm Öl aus der Küche auf annähernd 38 Grad. Tauchen Sie dann die Ellenbogen ein, und lassen Sie das Öl zehn Minuten einwirken. Wiederholen Sie dieses Bad etwa eine Woche lang.

Erbrechen

* Pfefferminztee kann bei Erbrechen helfen: 1 gehäuften Teelöffel Pfefferminzblätter mit 1 Tasse kochendem Wasser übergießen und zugedeckt 10

Minuten ziehen lassen und dann abseihen. Den Tee lauwarm und ungesüßt in kleinen Schlucken trinken. Ist der Magen völlig leer, wird
der Brechreiz und die Reizung des Magens noch schlimmer. Aus diesem Grund gilt die alte Regel der Seeleute, trockenes Schwarzbrot
und/oder Zwieback immer im Gepäck haben.

Erkältung

* Tee aus Lindenblüten oder Spitzwegerich (danach eine Schwitzkur)
  helfen gut; außerdem ist eine Inhalation mit Kamille oder Eukalyp-
  tusöl zu empfehlen. Wirksam ist auch eine Salz-Zitrone-Spülung. Den
  Saft von ½ Zitrone in einem Eierbecher mit 1 Teelöffel Salz vermischen. Eierbecher bis zum Rand mit Wasser auffüllen. die Flüssigkeit
  durch die Nase zu sich nehmen.
* Bei Kopfweh hilft ein Schwarzer-Holunder-Tee. 2 Esslöffel Holunder-
  blüten oder getrocknete Früchte mit ¼ Liter kochendem Wasser übergießen, 10 Minuten ziehen lassen, abseihen. Täglich 3 Tassen davon
  über den Tag verteilt trinken.

Fieberbekämpfung

* Bei Fiebererkrankungen sind kalte Wadenwickel hilfreich, denn sie
  senken das Fieber. Dieses alte Hausmittel kann man jetzt in moderni-
  sierter Form anwenden. Man feuchtet Handtücher an und legt sie in einer Plastiktüte in die Tiefkühltruhe. Wenn sie nach Gebrauch wieder
  warm sind, wird der Vorgang wiederholt.

Fingernägel

* Fingernägel werden nicht brüchig und reißen nicht so leicht, wenn Sie
  sie vor dem Schlafengehen in einem Schälchen Öl baden oder mit Zitronenwasser einreiben. Auch Glyzerin, das Sie jeden Abend in die
  Fingernägel einmassieren, hilft bei brüchigen Fingernägeln.
* Klebstoffreste und Kugelschreibertinte auf Fingernägeln lassen sich
  am einfachsten mit Zahnpasta entfernen. Einfach kräftig einreiben und
  die Hände anschließend gründlich mit Wasser waschen.

Fußpilz

✳ Bei Fußpilz hilft eine Backpulverpaste, die Sie wie folgt anwenden: Backpulver mit lauwarmem Wasser zu einer Paste verrühren und auf die betroffenen Stellen reiben. 3 Minuten einwirken lassen und dann abspülen. Anschließend den Fuß gut abtrocknen und etwas Puder oder Stärkemehl auftragen. Hilft gegen Jucken und nachwachsende Pilze. Häufig erfolgt eine ständige Wiederansteckung durch nicht desinfizierte Strümpfe. Etwas Fleckensalz und Waschmittel in die heiße Lauge geschüttet, desinfiziert während des Waschvorgangs. Füße stets gut abtrocknen; Pilze gedeihen nur in feuchtem Milieu. Strümpfe täglich wechseln; nie in Räumen barfuß laufen.

Gesichtsdampfbad

✳ Eine Gesichtsmaske wirkt viel intensiver, wenn Sie vorher ein Gesichtsdampfbad machen. Gießen Sie sehr heißes Wasser in eine Schüssel, halten den Kopf darüber und legen über Kopf und Schüssel ein Handtuch. Probieren Sie bitte vorher aus, ob der Dampf auch nicht zu heiß ist, damit es nicht zu Verbrennungen kommt.

Gesichtswasser aus Rosenblättern

✳ Lassen Sie 200 g frische Rosenblätter in einen Topf mit einem Liter Wasser etwa 15 Minuten leicht kochen. Die Mischung abkühlen lassen und durch ein Sieb geben. Füllen Sie diese Lotion in eine hübsche Flasche und verwahren Sie sie im Kühlschrank. Sie wirkt glättend und straffend auf die Gesichtshaut, darf allerdings nicht zu lange aufbewahrt werden.

Gurken für die Schönheit

✳ Gurken schmecken nicht nur sehr gut, sondern sind gleichzeitig auch ein bewährtes und preiswertes Schönheitsmittel: Sind Ihre Augen geschwollen oder gerötet, so legen Sie frische, kalte Gurkenscheiben darauf. Ihre Haut wird wieder frisch und gut durchblutet, wenn Sie sich eine Gurkenmaske leisten. Legen Sie Gurkenscheiben auf Ihr Gesicht und lassen Sie sie etwa zehn Minuten einwirken.

Haare festigen

* Hat man keinen Haarfestiger im Haus, kann man eine halbe Tasse lauwarmes Bier über den Kopf träufeln und einmassieren.

Haare waschen

* Haare werden nach dem Trocknen lockerer, wenn man sie über Kopf wäscht und auch so ausspült.

Haare, fettige

* Bei fettigem Haar hilft Hamamelishaarwasser: 3 Tropfen Melissenöl, 20 Milliliter Birkenblättertinktur, 80 Milliliter Hamameliswasser miteinander mischen. Massieren Sie zweimal täglich Ihre Kopfhaut damit ein. Ihr Haar wird locker und duftig, wenn Sie es nach dem Waschen mit starkem Pfefferminztee spülen.

Haare, glänzende

* Ihre Haare bekommen einen schönen Glanz, wenn Sie sie mit Essig- oder Zitronensaftwasser spülen.

Haare, trockene

* Ist Ihr Haar sehr trocken und glanzlos, versuchen Sie es mit dieser Packung: Verquirlen Sie ein Eigelb mit zwei Esslöffeln Olivenöl und tragen sie diese Packung scheitelweise, am besten mit einem Pinsel, auf das trockene Haar auf. Lassen Sie die Packung eine gute halbe Stunde einwirken und waschen Sie sie danach gründlich mit Ihrem gewohnten Shampoo aus. Danach spülen Sie das Haar gründlich aus und geben in die letzte Spülung etwas Zitronensaft bei hellen Haaren und etwas Essig bei brünetten und roten Haaren.

Hals- und Rachenentzündung

* Apfelessig: 1 Esslöffel Honig und 1 Teelöffel Apfelessig in 1 Glas heißes Wasser mischen. Das Getränk mehrmals täglich langsam und schluckweise trinken.

* Kalte Halswickel: Leinentuch falten, in kaltes Wasser (19 bis 22 ° C) tauchen. Abtropfen lassen, locker um den Hals wickeln. Darüber kommen

146

ein trockenes Handtuch und ein Wollschal. 20 Minuten einwirken lassen. Ist der Wickel warm, diesen wechseln. Zweimal pro Tag anwenden.

* Knoblauch mit Zitrone: 2 zerdrückte Knoblauchzehen mit dem Saft von 1 Zitrone und 2 Esslöffeln Olivenöl vermischen. Dreimal täglich 1 Teelöffel davon nehmen.

* Zitronensaft mit Salz zum Gurgeln: Saft von ¼ Zitrone mit ½ Teelöffel Meer- oder Emsersalz mischen. In 1 Glas warmes, abgekochtes Wasser geben. Drei- bis viermal täglich gurgeln.

Hände, raue

* Streuen Sie einen halben Teelöffel Zucker auf eine Handfläche und gießen etwas Babyöl darüber. Ein paar Minuten kräftig reiben und anschließend die Hände mit Seife waschen. Die Haut wird dadurch seidenweich. Oder reiben Sie Ihre Hände vor dem Schlafengehen mit reinem Glyzerin ein. Über Nacht werden Ihre Hände zart.

Hände, verfärbte

* Um das Verfärben der Hände beim Zubereiten von Obst oder Gemüse zu verhindern, taucht man sie vorher in Essig. Anschließend lassen sich die Hände mit Zitronensaft reinigen.

Hautpflege

* Für jeden Hauttyp, Honiggesichtswasser: 100 Milliliter destilliertes Wasser erwärmen und 1 Esslöffel Honig darin gut auflösen. Nach dem Abkühlen mit 15 Milliliter Zitronensaft in eine Flasche geben und gut schütteln.

* Bei fettiger Haut, Mandelkleiewaschpaste: $1/8$ Liter Vollmilch mit 15 Milliliter Mandelöl und 1 Tasse Mandelkleie verrühren. Auf das Gesicht auftragen, dabei Nase, Stirn, Kinn und Augenpartien aussparen. Mit kreisenden Bewegungen einmassieren und mit viel warmem Wasser abwaschen.

* Bei trockener Haut, Sahne-Honig-Maske: 2 Esslöffel saure Sahne mit 1 Esslöffel Honig mischen. Weizenkeimflocken zugeben, bis ein dickflüssiger Brei entsteht. Auf dem Gesicht verreiben und 15 Minuten einwirken lassen. Am besten am frühen Abend anwenden.

Herpes im Mundbereich

* Melissentinktur: 10 Gramm Melissenblätter in 100 Gramm 70%igem Alkohol 1 Woche stehen lassen. Mehrmals täglich auf die betroffenen Hautstellen tupfen.

Herzklopfen und Herzstolpern

* Melissengeist: Wenn Sie das Gefühl haben, Ihr „Herz macht nicht mit", dann nehmen Sie regelmäßig einige Tropfen Melissengeist aus der Apotheke in Wasser oder auf 1 Stück Zucker ein. Das soll schwache Herzen stärken. Basilikumöl: Reiben Sie unverdünntes Basilikumöl sanft auf der Brust und in der Herzgegend ein, das soll plötzlich auftretendes Herzklopfen lindern.

Hühneraugen

* Bei Hühneraugen hilft, Kamillentee: Die betroffene Stelle mindestens 15 Minuten lang in Kamillentee baden. Dabei können gelbe Flecken entstehen, die aber mühelos mit Wasser und Seife zu entfernen sind.

* Teebaumöl: 5 bis 8 Tropfen unverdünntes Teebaumöl in eine Schüssel mit warmem Wasser geben. die betroffene Stelle darin täglich 10 Minuten lang baden, bis sich die eingewachsene Hornhaut problemlos entfernen lässt.

* Zwiebelscheiben: 1 Zwiebelscheibe mit einer Mullbinde auf das Hühnerauge binden. Die Scheibe so lange auf der erkrankten Stelle lassen, bis sich der Kern des Hühnerauges löst. Anschließend die Füße für 10 Minuten heiß baden, dann gut abtrocknen und die Stelle mit einer Heilsalbe bestreichen.

Husten

* Bierpunsch: ¾ Liter helles Bier mit 1 Zimtstange und 125 Gramm Kandiszucker erhitzen, bis sich der Zucker gelöst hat. 2 Eier schaumig schlagen, unter ständigem Rühren langsam ins Bier gießen. Heiß und schlückchenweise trinken. Statt Bier kann man auch einen beliebigen Hustentee nehmen.

* Zwiebelsirup: 1 Gemüsezwiebel in ⅛ Liter Wasser zerstoßen. Den ausgepressten Saft mit 150 Gramm braunem Kandis- oder Rohrzucker verkochen. Von dem Sirup stündlich ein paar Teelöffel einnehmen.

Insektenstiche

∗ Gegen juckende Insektenstiche hilft das Auflegen von frischen Zwiebeln-, Zitronen- oder Meerrettichscheiben.

Klebstoff an den Händen

∗ Reiben Sie die betroffenen Stellen mit etwas Nagellack ein und entfernen Sie ihn nach kurzem Einwirken mit einem Papiertuch.

Knoblauchgeruch

∗ Es gibt verschiedene Möglichkeiten, den intensiven Knoblauchgeruch zu mildern: Sie können nach dem Essen ein Glas Milch trinken, einen Apfel, Joghurt oder ein Stück Schokolade essen, frische Petersilie oder Dill zerkauen. Chlorophylltabletten aus der Apotheke sind ein weiteres, allerdings etwas teureres Mittel, um den Geruch zu verdrängen.

Kopfschmerzen

∗ Wenn Sie Kopfschmerzen haben, probieren Sie doch einmal ein altes Hausmittel: Bohnenkaffee. Er beseitigt den Schmerz noch schneller, wenn man etwas Zitronensaft dazu gibt. Kopfschmerzen verschwinden oft, wenn man zügig einen halben Liter (Mineral-)Wasser trinkt.

Lippen, trockene und spröde

∗ Bürsten Sie die Lippen kräftig mit einer weichen Zahnbürste, damit sie gut durchblutet werden. Tragen Sie erst jetzt eine Fettcreme auf – sie hilft dann viel besser.

Lippen, rissige

∗ Aufgesprungene und rissige Lippen können Sie mit Sahne oder mit ungesalzener Butter einstreichen. Dies schützt Ihre Lippen vor Wind und Wetter.

Lippenstift reparieren

∗ Einen abgebrochenen Lippenstift brauchen Sie nicht gleich wegwerfen. Versuchen Sie erst, den Lippenstift mit einem Trick zu reparieren. Erhitzen Sie die beiden Bruchstellen über einer Streichholz- oder Feuerzeugflamme. Wenn sie genug angeschmolzen sind, pressen Sie beide Teile fest aufeinander. Anschließend im Kühlschrank abkühlen lassen.

Magen, gereizter oder nervöser
* Rohe Kartoffeln im Entsafter auspressen. Als Kur über mehrere Wochen täglich den ausgepressten Saft von 500 Gramm Kartoffeln trinken.

Magen- und Darmverstimmungen
* Kochen Sie aus einem Liter Wasser und zwei Esslöffeln Thymianblättern einen Tee, den Sie zehn Minuten ziehen lassen, durchseihen und ungesüßt trinken. Sehr gut hilft auch Heilerde, die Sie in der Apotheke erhalten.

Make-up-Entferner
* Nehmen Sie Pflanzenfett aus der Küche. Diese Methode ist ebenso preiswert wie wirksam. Das Fett einreiben und anschließend mit einem Papiertuch abwischen.

Medikamente aufbewahren
* Medikamente bewahren Sie am besten in einer Hausapotheke auf, die so angebracht sein sollte, dass kleine Kinder sie nicht erreichen können. So haben Sie alle Medikamente an einem Ort und müssen nicht erst lange suchen, wenn etwas gebraucht wird. Medikamente dürfen nicht zu langen aufbewahrt werden. Wenn das Haltbarkeitsdatum nicht auf der Packung vermerkt ist, schreiben Sie das Kaufdatum auf die Packung. Medikamente, deren Verfallsdatum erreicht ist, können Sie in der Apotheke oder bei einer Sondermüllsammelstelle abgeben.

Milch zur Pflege
* Milch hilft bei Sonnenbrand. Als Maske macht die Milch die Haut frisch: Ein Baumwolltuch mit Milch (oder Joghurt) tränken, zwanzig Minuten auf Gesicht und Hals legen. Danach strahlt die Haut wieder. Kompressen mit milchgetränkten Wattebäuschen beleben gerötete, brennende Augen. Etwa zehn Minuten auf die Augenlider legen. Es schützt Ihre Haut, wenn Sie täglich das gereinigte Gesicht mit frischer Milch abspülen, dann noch

einmal damit betupfen und einziehen lassen. Durch den hohen Säuregehalt schützt die Milch den natürlichen Säureschutzmantel der Haut. Anschließend können Sie Creme auftragen.

Muskelkater
* Nach ungewohnten und anstrengenden Bewegungen kommt es leicht zum Muskelkater. Dagegen hilft ein heißes Bad, ein Saunabesuch oder auch das Einreiben mit Franzbranntwein.

Nagelfeile
* Wenn Sie keine Nagelfeile zur Hand haben, hilft Ihnen die Reibfläche einer Streichholzschachtel aus.

Nagelschere schärfen
* Nagelscheren werden wieder scharf, wenn man feines Schmirgelpapier mehrere Male damit schneidet.

Nagellackflaschen, zugeklebte
* Damit Ihre Nagellackflasche nicht verklebt, geben Sie etwas Vaseline in den Deckel und auf das Gewinde der Flasche.

Nährcreme selbstgemacht
* Gönnen Sie Ihrem Gesicht ab und zu eine Maske aus folgenden Zutaten: Verrühren Sie zwei Esslöffel Öl mit zwei Esslöffeln Honig und zwei kleinen Eigelben. Tragen Sie diese Nährcreme auf Gesicht und Hals auf und lassen Sie sie 20 Minuten einwirken.

Nasenbluten
* Nasenbluten können Sie stillen, indem Sie einen kalten Gegenstand oder ein feuchtes, kaltes Tuch auf den Nacken legen und den Kopf nach hinten beugen. Kalt Umschläge auf dem Kopf und auf der Stirn helfen ebenfalls.

Parfümduft
* Parfümduft hält auf fettiger Haut länger. Deshalb sollten Sie sich nach dem Baden oder Duschen mit einer Fettcreme eincremen und dann erst

das Parfüm auftupfen. Die besten Stellen dafür: hinter den Ohren, an den Handgelenken und in den Arm- und Kniebeugen. Damit Ihr Kleiderschrank angenehm nach Ihrem Lieblingsparfüm duftet, stellen Sie die leeren Parfümflaschen in den Schrank, oder Sie geben einige Tropfen vom Parfüm auf einen Wattebausch und legen diesen in den Schrank.

Periodenschmerzen und -krämpfe
* Schafgarbe und Kamille als Tee zubereitet, kann helfen. Die beiden Kräuter zu gleichen Teilen mischen, mit 1 Tasse kochendem Wasser überbrühen, 10 Minuten ziehen lassen und abseihen. Regelmäßig über den Tag verteilt trinken.
* Bei Himbeerblättertee verfahren Sie wie folgt: 25 Gramm Himbeerblätter in ½ Liter Wasser zum Kochen bringen. 10 Minuten stehen lassen und dann abseihen. ½ Liter des Tees pro Tag schon ein paar Tage vor dem Eintreten der Regelblutung trinken.

Rosenbad
* Ihre Haut wird samtweich, wenn Sie sich ab und zu ein Rosenbad gönnen. Füllen Sie dazu fünf bis sechs Hände voll frische Rosenblätter in ein Leinensäckchen (oder auch in ein Netz, in dem Zitronen verpackt waren), und geben Sie es mit in das Badewasser.

Schaumbad
* Mischen Sie im Mixer zwei Tassen Salatöl mit drei Esslöffeln Shampoo und einigen Tropfen Ihres Lieblingsparfüms. Diese Mischung füllen Sie in eine Flasche und geben immer so viel ins Badewasser wie Sie mögen. Wie alle Kosmetika, die aus Lebensmitteln hergestellt sind, sollten Sie dieses Badeöl nicht zu lange aufbewahren.

Schluckauf
* Schluckauf können Sie auf verschiedene Art loswerden: Versuchen Sie, die Luft so lange wie möglich anzuhalten. Trinken Sie Eis- oder Essigwasser in möglichst kleinen Schlucken.

Schnupfen

* Emser Salz: 1 gestrichener Teelöffel Emser Salz in $\frac{1}{8}$ Liter Wasser aufkochen, abkühlen lassen. Mit einer Pipette mehrmals täglich in die Nase
träufeln.

* Kamillentee: 1 bis 2 gehäufte Teelöffel Kamillenblüten mit $\frac{1}{4}$ Liter kochendem Wasser übergießen, 10 Minuten ziehen lassen, abseihen. Lauwarm abkühlen lassen. In der akuten Schnupfenphase drei- bis fünfmal
täglich durch jedes Nasenloch bis in den Hals einziehen.

Schuppen

* Schuppen werden weniger, wenn Sie vor dem Waschen Tafelsalz auf das
trockene Haar streuen und das Salz in die Kopfhaut einmassieren. Auch
ein verquirltes Eigelb, das Sie sich wöchentlich einmal in die Kopfhaut
einmassieren, hilft gegen Schuppen. Das Eigelb einige Zeit trocknen lassen und dann mit lauwarmem Wasser ausspülen.

Sodbrennen

* Sodbrennen, das nur ab und zu auftritt, können sie auch ohne ärztliche
Hilfe abstellen. Ein geriebener Apfel, Kartoffelsalat oder eine Tasse Kamillentee sind bewährte Hausmittel. Auch kohlensäurehaltiges, kochsalz-
armes Mineralwasser kann helfen. Milch und Joghurt über einen längeren
Zeitraum genossen kann ebenfalls gegen Sodbrennen helfen. Im akuten
Stadium lösen Sie 1 Tablette Emser Salz in einem Glas Wasser auf und
trinken es schluckweise.

Sonnenbrand

* Leichter Sonnenbrand kann durch Einreiben mit Johanniskraut- oder
Pfefferminzöl gelindert werden. Auch saure Milch oder Zitronensaft, die
man auf die Haut gibt, helfen. Danach mit Lanolincreme einfetten.

Splitter

* Splitter werden mit einer Pinzette entfernt. Noch einfacher geht es, wenn
Sie ein paar Tropfen warmes Wachs auf die Stelle geben und es unter fließendem kalten Wasser abkühlen. So lässt sich der Splitter mühelos aus
der Haut lösen. Sie können den Splitter auch auf folgenden Weise entfer-

nen: Füllen sie kochendes Wasser in eine Flasche. Um das Zerplatzen der Flasche zu vermeiden, hüllen Sie sie beim Einfüllen in ein nasses, kaltes Tuch. Halten Sie die Verletzung ganz dicht über die Öffnung der Flasche – der Dampf weicht die Haut auf, so dass man den Splitter leicht entfernen kann.

Verstopfung

* Bei Verstopfung helfen, Leinsamen: Morgens und abends je 2 Esslöffel Leinsamen zerquetschen oder grob gemahlene Leinsamen mit ½ Liter Wasser einnehmen. Ebenso kann Leinsamen unter Müslis, in Fruchtpürees oder in Quark- und Joghurtspeisen gemischt werden. Als Kur zu empfehlen, Sauerkraut: Essen Sie als Kur über einen Zeitraum von 3 bis 4 Wochen täglich 200 bis 300 Gramm rohes Sauerkraut. Es fördert übrigens nicht nur die Verdauung, sondern liefert zudem noch Vitamin C.

Warzen

* Bei Warzen hilft, Knoblauchöl: Täglich ein paar Tropfen Knoblauchöl auf die Warzen streichen. Rizinusöl: Über einen Zeitraum von 2 bis 3 Wochen die Warzen mehrmals täglich mit einigen Tropfen Rizinusöl, aus der Apotheke, einreiben. Speichel: Dornwarzen immer wieder mit dem eigenen Speichel bestreichen.

Zahnfleischbluten

* Bei Zahnfleischbluten hilft, Eichenrinde: 2 Esslöffel Eichenrinde mit ¼ Liter Wasser in einem Töpfchen aufkochen. Dann 5 Minuten ziehen lassen und abgießen. Gurgeln Sie dreimal täglich mit dem abgekühlten Tee.

Zahnpflege

* Putzen Sie hin und wieder Ihre Zähne mit Kochsalz, so werden sie blendend weiß.

Zahnschmerzen

* Bei Zahnschmerzen kann Nelkenöl helfen. Träufeln Sie ein paar Tropfen des Öls auf einen Wattebausch und drücken diesen auf den schmerzenden Zahn.

Alphabetisches Stichwortverzeichnis

A

Abflüsse, verstopfte 50
Abkühlung 140
Abtauen 50
Akne 140
Alkoholflecken 84
Alleskleberflecken 84
Alufolie 8
Aluminiumtöpfe reinigen 50
Ameisen 122
Ananas 8
Ananastorte 8
Angina 140
Angorapullover 84
Äpfel 8
Apfelkuchen 8
Apfelpackung 140
Apfelschalentee 140
Apfelsinen 8
Armaturen und Wasser-
  hähne 50
Artischocken 8
Aschenbecher 66
Aspik 9
Auberginen 9
Auflauf 9
Aufstoßen 140
Augen-Make-up 141
Augenbrauen zupfen 141
Ausguss, Haare im 51
Ausgüsse, riechende 51
Aussaat 122
Auswahl von Zimmer-
  pflanzen 122
Autoantennen 104
Autoaufkleber und Preis-
  etiketten 104
Autoreifen lagern 104
Autoscheiben ohne Eis 104
Autoschmiere 105
Autotüren, zugefrorene 105
Auto parken im Winter 104
Avocados 9

B

Babyflaschen 51
Babyöl 141

Backbleche reinigen 51
Backobst 9
Backofen, verschmutzter 51
Backpflaumen 9
Backpulver, fehlendes 10
Balkonbepflanzung 122
Balkonblumen 123
Basilikum 123
Bast – Lampen, Eimer 66
Batterien, ausgediente 105
Bauchschmerzen 141
Baumpflege 123
Baumwollpullover 84
Bepflanzte Töpfe 123
Besen 66
Bettbezüge 84
Bettfedern 66
Bienen- und Wespen-
  stiche 141
Bienenwachs für Weichholz-
  möbel 66
Bierflecken 84
Bilderrahmen verrutschen
  nicht mehr 105
Bilder – an feuchten
  Wänden 67
Biskuittorte 10
Blähungen 141
Blasen 142
Blasen im Furnier 67
Blätterteig 10
Blattläuse bei Zimmer-
  pflanzen 123
Blattläuse im Garten 124
Blechgeschirr 52
Bleichmittel für Fein-
  wäsche 84
Blockschokolade raspeln 10
Blumen, geknickte 124
Blumen, stecken 124
Blumenkästen 125
Blumenkohl 10
Blumenwasser, riechendes 125
Blumenzwiebeln aufbe-
  wahren 125
Blumen düngen 124
Blumen frisch halten 124

Blumen schneiden 124
Blutdruck, hoher 142
Blutdruck, niedriger 142
Blutflecken 85
Bohnen 10, 125
Bohnerlappen 67
Bohren, senkrecht 106
Bohren, zu tiefes verhindern
  106
Bohren auf Fliesen 106
Bohren in Hohlwänden 106
Bouillon, klare 11
Bowle kühlen 11
Brandlöcher in Holz 67
Bratäpfel 11
Braten 11
Braten, angebrannter 12
Braten, gespickter 12
Bratengeruch 12
Bratensauce 12
Braten würzen 13
Bratkartoffeln 13
Bratwurst 13
Braun bleiben 142
Brauseköpfe, verkalkte 52
Brennnesseln 142
Briefmarken, aneinander-
  haftende 106
Briefmarken, die nicht
  kleben 106
Brillengläser 143
Brokkoli 13
Brombeeren 125
Bronchitis 142
Brot, hartes 14
Brötchen aufbacken 14
Brot frisch halten 13
Brot und Brötchen auf-
  tauen 13
Bücher 67
Bücherstützen 68
Bücher – Eselsohren 68
Bügeleisen 85
Bügelfalten 85
Bügeln 85
Bügeln von gestärkter
  Wäsche 85

Butter, schaumige 14
Buttercreme 14
Buttercreme, geronnene 14
Butterschmalz 14
Butter frisch halten 14

C
Canapés 15
Champignons 15
Chemie im Haushalt 68
Chicorée 15
Chinakohl 15
Chips, Cornflakes oder
    Cracker 15
Chrom 68
Cognacflecken 86
Crépestoffe 86

D
Dampfbügeleisen
    entkalken 86
Dampfdrucktöpfe
    reinigen 52
Dampfnudeln 15
Daunendecken und
    Federbetten 86
Daunenjacken 86
Deckel klebt am Farbei-
    mer 107
Diamanten 86
Dichtungen auswechseln
    52, 107
Dickmilch 15
Dörrobst 16
Draht, steifer 107
Druckknöpfe 87
Druckstellen 68
Druckstellen in Cord, Samt
    und Veloursstoffen 87
Düngen 125
Düngen im Garten 126
Dunstabzugshaube 52
Durchfall 143
Duschköpfe 52
Duschtüren reinigen 53
Duschvorhänge 53

E
Edelstahl 53
Edelstahlspülen 53

Efeu 126
Eichenmöbel 69
Eidotter 16
Eier, rohe und gekochte 17
Eierflecken 87
Eierkocher 53
Eierschachteln 53
Eier haltbarer machen 16
Eier kochen 16
Eier lagern 16
Eier schälen 16
Eigelb 17
Eigengeschmack 17
Einjährige 126
Einkaufen 17
Einkaufsplanung 17
Einlaufen 87
Einmachgläser öffnen 54
Eischnee 18
Eischnee, überbackener 18
Eisenpfannen 54
Eisenschrauben 107
Eiswürfel 18
Eiswürfel auf Vorrat 18
Elektrokochplatte
    reinigen 54
Ellenbogen pflegen 143
Emaillierte Töpfe 54
Endivie 126
Erbrechen 143
Erbsen, frische 18
Erdbeeren 18, 126
Erikatopfpflanzen 127
Erkältung 144
Essen, versalzenes 19
Essigbad 107
Essigeschmack 19
Essig verfeinern 19
Esskastanien schälen 19

F
Faltenröcke 87
Farbe entfernen 107
Farbe umrühren 108
Farbiges Waschen 87
Farne im Zimmer 127
Farnpflege 127
Feilen reinigen 108
Feldsalat 19
Feldsalat 127

Fensterleder 69
Fensterlüftung bei
    Windzug 108
Fensterscheiben, blinde 69
Fenster putzen 69
Fernsehbildschirm 69
Fettflecken 87
Fettspritzer 20
Fett entfernen 20
Fett in der Pfanne 20
Fieberbekämpfung 144
Fingernägel 144
Fisch 20
Fischgenuss, zarter 21
Fischgeruch 22, 54
Fisch auftauen 20
Fisch aufwärmen 20
Fisch blaukochen 20
Fisch filetieren 21
Fisch garen 21
Flecken 88
Fleckentfernung vor dem
    Streichen 108
Fleisch, zartes 23
Fleischfondue 22
Fleischwolf reinigen 54, 70
Fleisch braten 22
Fleisch in dünne Scheiben
    schneiden 22
Fleisch klopfen 22
Flieder in der Vase 127
Folienkartoffeln 23
Forellen entgräten 23
Forellen garen 23
Forelle blau 23
Fotos 70
Frikadellen 24
Frischetest Eier 24
Frischhaltefolie 24
Frittieren 24
Frittierfett 24
Frostschutzmittel für die
    Scheibenwaschanlage,
    selbstgemacht 108
Fugen reinigen 54
Fußpilz 145

G
Gardinen aufhellen 70
Gardinen waschen 70

Garprobe bei Fisch 25
Garprobe bei Geflügel 25
Garprobe für Kuchen 25
Gasflammen 70
Gefriergut 25
Geld im Automaten 109
Geleespeisen stürzen 25
Gemüse 25
Gemüse, tiefgefrorenes 26
Gemüse, welkes 26
Gemüse andicken 26
Gemüse kochen 26
Gemüse waschen 26
Gerüche im Kühlschrank 55
Gerüche nach der
    Renovierung 55, 109
Geschnetzeltes 26
Gesichtsdampfbad 145
Gesichtswasser aus
    Rosenblättern 145
Gewürze 26
Gießen im Garten 127
Gießen von Zimmer-
    pflanzen 128
Gips 109
Glanzflecken 88
Glanzspüler für die
    Geschirrspülmaschine 55
Glanz für Blattpflanzen 128
Gläser, trübe 55
Gläser lösen 55
Gläser mit Gold- und
    Silberrand 55
Glasflaschen enghalsige 55
Glaskeramik-Kochfelder
    reinigen 56
Glaspflege 56
Glasscheibe einsetzen 109
Glassplitter 70
Glastische 71
Glatteis 109
Goldrahmen 71
Goldschmuck 88
Grasflecken 88
Gras zwischen den
    Platten 128
Grießklöße 27
Griffe aus Holz oder Bein 56
Grillbesteck,
    verschmutztes 71

Grünkohl 27
Grünspan 71
Gummiband 89
Gummibaum 128
Gummidichtungen 56
Gummistiefel 110
Gurkensalat 27
Gurken für die Schönheit 145
Gusseisentöpfe 56
Gusseiserne Pfannen 57

H
Haarbürsten reinigen 57
Haare, fettige 146
Haare, glänzende 146
Haare, trockene 146
Haare festigen 146
Haare waschen 146
Hackbraten 27
Hähnchen, knusprige 27
Haken in „weichen"
    Wänden 110
Hals- und Rachen-
    entzündung 146
Hände, raue 147
Hände, verfärbte 147
Hartmetall bohren 110
Hartwurst enthäuten 27
Hausmüll 71
Hausnummer selbst
    herstellen 110
Hautpflege 147
Hefe 28
Hefegebäck 28
Heizkörper 110
Hemdkragen 89
Herdplatten, stark
    verschmutzte 57
Herpes im Mundbereich 148
Herzklopfen und
    Herzstolpern 148
Holz, fettiges 57
Holz, stumpfes 72, 111
Holzbrettchen 57
Holzleim, frischen
    entfernen 111
Holzlöffel 58
Holzmöbel pflegen 72
Holzschutzmittel 111
Holzwürmer entfernen 111

Holz bohren 110
Holz lackieren 111
Honig 28
Hortensien 129
Hühneraugen 148
Hülsenfrüchte 28
Husten 148

I
Innenfutter 89
Insektenstiche 149

J
Jalousiengurte 73
Jeans 89
Jodflecken 89
Joghurt 28
Johannisbeeren 129

K
Kabel „einfädeln" 111
Kacheln 58
Kaffee 28
Kaffee- und Kakaoflecken 89
Kaffee- und Teekannen
    reinigen 58
Kaffeearoma 29
Kaffeemaschinen
    entkalken 59
Kakao kochen 29
Kakteen 129
Kamin, offener 73
Kämme säubern 59
Kapuzinerkresse 129
Kartoffelbrei 29
Kartoffelklöße 29
Kartoffeln, angebrannte 30
Kartoffeln schneiden 29
Kartoffeln schneller
    kochen 29
Kartoffeln warm halten 29
Kartoffelpuffer 30
Kartoffelpüreepulver 30
Käse 30
Käsefondue 30
Käse reiben 30
Kaugummi- Kneteflecken 90
Kefirpilz 31
Kehrspäne 73
Kekse aufbewahren 31

157

Kerzen 73
Kerzenwachs entfernen 73
Kesselstein 59
Klaviertasten 74
Klebstoff an den Händen 149
Kleider, zerknitterte 90
Kleiderschrankduft 90
Kleidung, duftende 90
Kleidung schwarz färben 90
Kleister herstellen 112
Klematis, winterfeste 130
Klöße 31
Knäckebrot 31
Knoblauch 130
Knoblauchgeruch 149
Knoblauch aufbewahren 31
Knöpfe annähen 90
Knospenbefall 130
Kochende Speisen 32
Kohlgerichte 32
Kohlgeruch 32
Kokosläufer und
    -teppiche 74
Kopfsalat 32
Kopfsalat welker 32
Kopfschmerzen 149
Korbmöbel 74
Korken 59
Korkenzieher 59
Kornblumen im Winter 130
Koteletts 32
Krabben 32
Kragenfalten 91
Kratzer in Acrylwannen 60
Kräuter, frische 33
Kräuter, getrocknete 33
Kräuterschildchen aus
    Eisstielen 59
Kräuter einfrieren 33
Kreise exakt sägen 112
Kristallgläser 59
Kuchenteig 33
Kuchen (Kasten-) 33
Kugelschreiber 112
Kugelschreiber-, Filz- und
    Kopierstiftflecken 91
Kühl- und Gefrierschränke
    abtauen 60
Kühl- und Gefrierschränke
    reinigen 60

Kunststoffbadewannen 60
Kunststoffböden reinigen 74
Kupfer 74

L
Lacke, umweltfreund-
    liche 112
Lackschäden 112
Lackschuhe 91
Lampenschirme aus
    Pergament 74
Lampenschirme aus Seide 74
Laubdekoration 130
Leber 34
Leder, hartes 91
Lederhandschuhe, enge 91
Ledermöbel pflegen 75
Ledertaschen polieren 91
Leim auf Möbeln 75
Leinenschuhe 92
Lichtschalter 75
Lippen, rissige 149
Lippen, trockene und
    spröde 149
Lippenstiftflecken 92
Lippenstift reparieren 149
Löcher bohren 113
Luftbefeuchter 75
Lüften 75
Luftwurzeln 130

M
Magen 150
Magen- und Darmverstim-
    mungen 150
Mahagonimöbel 76
Maiglöckchen 131
Maiskolben putzen 34
Mais kochen 34
Majoran 131
Make-up-Entferner 150
Malerrolle aufbewahren 113
Mandelbäumchen 131
Marmeladen und Gelees
    einmachen 34
Marmor reinigen 76
Maulwürfe 131
Mayonnaise 34
Medikamente
    aufbewahren 150

Meerrettich 35
Mehl 35
Melonen 35
Messerschneiden, fleckige 60
Messing 76
Mikrowelle reinigen 60
Milch, angebrannte 35
Milch, übergekochte 35
Milchflecken 92
Milchglas 76
Milchreis 35
Milch zur Pflege 150
Minze 131
Möbelkratzer 76
Mohn 36
Mottenschutz 92
Mulchen 131
Mürbeteig 36
Muscheln 36
Muskelkater 151

N
Nagel, großer 113
Nägel, kleine in die Wand
    schlagen 114
Nagelfeile 151
Nagellackflaschen,
    zugeklebte 151
Nagelschere schärfen 151
Nägel einschlagen 113
Nährcreme selbstgemacht 151
Nähzeug für unterwegs 92
Napfkuchen 36
Narzissen 132
Nasenbluten 151
Naturschwämme 76
Nelken 132
Nickel 76
Nikotinflecken auf
    Porzellan 61
Nippsachen reinigen 77
Nudeln 37
Nüsse 37
Nüsse knacken 37

O
Obst 37
Obst- und Obstsaftflecken 93
Obstbäume, kranke 132
Obstsalat 37

Obsttortenboden 37
Öl 37
Ölfarbenflecken 114
Ölfarbengeruch 114
Ölflaschen sauber halten 61
Ölflecken 93
Ölgemälde 77
Orangen 37
Orangen als Duftspender 77
Orchideen 132
Ostereier färben 114

P
Paketschnur verstärken 114
Panieren ohne Ei 38
Pappkartons 77
Paprikapulver 38
Parfümduft 151
Pelzfutter in Schuhen 93
Periodenschmerzen und
    -krämpfe 152
Perlmutt 93
Petersilie 38, 132
Petroleum 114
Pfannen, beschichtete
    reinigen 61
Pfannkuchen 38
Pflaumenmus 38
Pilze im Badezimmer 61
Pilze zubereiten 38
Pinsel pflegen 114
Pinsel reinigen 115
Polstermöbel 77
Pommes frites 39
Porreezucht 132
Pudding ohne Haut 39
Puderzuckerglasur 39
Pullover in Form halten 93

Q
Quark 39

R
Radieschen und Rettiche 39
Rasen mähen 132
Rasierklingen 93
Rauchgeruch 77
Regenschirme, nasse 94
Reifenpanne 115
Reißverschlüsse 94

Rinderbraten 39
Rollladengurte 78
Rollogurt hält sicher 115
Rollo für „schräge"
    Fenster 115
Rosen 133
Rosenbad 152
Rosenkohl 40
Rosinen 40
Rosshaarmatratzen 78
Rostflecken 94
Rotkohl 40
Rotweinflecken 94
Rührei 40
Rußflecken 94

S
Sägeblätter 116
Sahne schlagen 40
Salat 40
Salat 133
Salbei 133
Salz 40
Salzkartoffeln 41
Salzstreuer 61
Samt 95
Sanddorn 133
Sauerkraut 41
Sauerrahm 41
Schädlinge in der Küche 61
Schädlingsbekämpfung
    bei Topfpflanzen 133
Schädlingsbekämpfung im
    Garten 133
Schaumbad 152
Schaumstoff schneiden 116
Schildläuse bei Zimmer-
    pflanzen 134
Schimmelbildung auf
    Marmelade 41
Schimmelbildung bei Brot 41
Schimmel im Blumentopf
    134
Schimmel im Brotkasten 61
Schleifen mit Sandpapier 116
Schluckauf 152
Schlüssel klemmt 116
Schlüssel mit Farbe
    markieren 116
Schmierölflecken 95

Schnecken 134
Schnecken und Insekten im
    Kohl 41
Schnittblumen 134
Schnittkäse,
    hartgewordener 42
Schnittlauch 135
Schnupfen 153
Schnürsenkel, ausgefranste 95
Schokoladenflecken 95
Schränke, feuchte 116
Schrauben 117
Schraubenköpfe,
    eingerostete 117
Schraubenzieher magnetisch
    machen 117
Schubladen, klemmende 117
Schubladen öffnen 117
Schuhcreme,
    eingetrocknete 95
Schuhcremeflecken 95
Schuhe, enge 96
Schuhe, nasse 96
Schuhe, weiße 96
Schuhe im Winter 95
Schuhe putzen ohne Schuh-
    putzmittel 95
Schuhputzkasten 78
Schultertaschen, rutschende 96
Schuppen 153
Schwämme reinigen 62
Schweinebraten 42
Schweißflecken 96
Seerosen überwintern 135
Seide 97
Seide / Fettflecken 97
Seide bügeln 97
Seide waschen 97
Sekt 42
Sicherungen ausschalten 117
Silber(-schmuck) putzen 78
Silber- und Goldschuhe 97
Sodbrennen 153
Sonnenbrand 153
Spargel 42
Spargelschalen 42
Spargel schälen 42
Spätblühende Stauden 135
Spaten, gebrochener 118
Speck braten 42

Speiseöl 42
Spiegel 62
Spinatflecken 97
Spinnmilben 135
Spitzen waschen 97
Splitter 153
Spritzbeutel 43
Spülmittel 62
Spülschwamm und Tuch 62
Stachelbeeren 135
Stammfäule bei Zimmer-
    pflanzen 135
Staubsauger 79
Staubtücher 79
Staubwedel 79
Steingutgeschirr 62
Stempelkissen,
    eingetrocknete 118
Stickereien bügeln 98
Stickstoffmangel bei
    Pflanzen 136
Stickstoffüberschuss bei
    Pflanzen 136
Stiefelspanner 98
Stockflecken 98
Streichfarbe flüssig halten 118
Streugut 118
Strohteppiche 79
Strudelteig 43
Styroporpaneele richtig
    kleben 118
Suppenfleisch 43
Süßkartoffeln 43

T
Tannenbäume 136
Tannenzweige 136
Tapetenscheren 119
Tapeten ohne Luftblasen 118
Tauchsieder entkalken 62
Tee-Ei 43
Teeblätter als Rosendünger 136
Teerflecken 98
Teerflecken auf Autos
    entfernen 119
Tee gegen Blattläuse 136
Teflonpfannen 63
Tennissocken 98
Teppiche 79
Teppichkanten 80

Terrakottafliesen 80
Thermoskannen 63
Thymian 136
Tierhaare 80
Tintenfisch 43
Tintenflecken 98
Tischtennisbälle 119
Toastbrot ohne Toaster 43
Toilettenablagerungen 63
Tomaten 44, 137
Tomaten enthäuten 44
Tonschalen 63
Töpfen, angebranntes in 63
Tortenboden teilen 44
Torten schneiden 44
Trägerkleider 99
Trockenfrüchte 44
Trocknen im Wäsche-
    trockner 99
Tubenkopf 119
Tubenverschlüsse,
    verklemmte 64
Tulpen 137
Türen 80
Türklingeln, schrille 119
Türquietschen 80
Türscharniere 119

U
Überkochen 44
Umtopfen 137
Umweltfreundliches
    Einkaufen 44
Usambaraveilchen 137

V
Vanillesauce 45
Vanillezucker 45
Vasen 80
Vergaser 119
Versengen 99
Verstopfung 154

W
Wachsflecken 99
Wachsflecken auf Möbeln 81
Waffeln 45
Walnüsse 46
Wände streichen 119
Warmluftheizung 81

Warzen 154
Wäscheleine 99
Waschen 100
Wäschestärke 100
Waschmaschine reinigen 64
Wasserbad 46
Wasserflecken auf Holz-
    möbeln 81
Wasserhahn, tropfender 64
Wasserhärte 101
Wasserpflanzen 137
Wasserränder 64
Wasserringe auf Holz 81
WC-Spülkasten 64
Wein aufbewahren 46
Weiße Wäsche 101
Werbeantworten,
    frankierte 120
Wespenfalle 137
Wildleder 101
Wolldecken reinigen 101
Wolle, aufgeribbelte 101
Wollknötchen 102
Wollpullover 102
Wollstrümpfe 102
Wühlmäuse 138
Würzen 46

Z
Zahnfleischbluten 155
Zahnpflege 155
Zahnputzbecher 81
Zahnputzglas 64
Zahnschmerzen 155
Zeitungen, alte 81
Zementboden ausbessern 120
Ziernägel schützen 120
Zimmerpflanzen 138
Zimmerpflanzen im Urlaub 138
Zimmertannen 138
Zinngeschirr 82
Zitronen 46
Zitronenwürze 46
Zucker 47
Zuckerguss 47
Zu süß 47
Zwiebeln 47
Zwiebeln ernten 138
Zwiebeln schneiden 47